RÉGIS BROCHET

EN BICYCLETTE

AU

BOCAGE VENDÉEN

Notes et Impressions

AUGUSTE BAUD, IMPRIMEUR-LIBRAIRE

FONTENAY-LE-COMTE, GRANDE-RUE, 25-27

1893

AU BOCAGE VENDÉEN

Notes et Impressions

> *Rêveurs qui recherchez la douce solitude,*
> *O cœurs qui voulez fuir le monde, la clarté,*
> *Venez ici chercher, compagnes de l'étude,*
> *Et la fraîcheur et l'ombre et la sérénité.*

DEPUIS longtemps on a coutume de visiter la Suisse et l'Italie ; on commence à parcourir la Bretagne et l'Auvergne, et l'on ne parle point ou presque pas de la Vendée, qui est l'une des contrées de France le moins bien connue et cependant le plus digne de l'être.

Voilà des siècles, en effet, que la France est tributaire de l'Italie sous le rapport de la belle nature. Nos peintres y vont

N.-B. — Le frontispice représente une vue du *Bois de la Folie*, prise sur la route de Pouzauges aux Herbiers.

chercher des inspirations et des sujets d'étude ; les touristes des sites pittoresques ; les poëtes aiment à y rêver au bruit des eaux, et il semble qu'il n'y ait qu'un beau ciel dans le monde, que les vallées ne soient enchantées que sur les rives du *Tibre* ou de l'*Anio*, et qu'il n'y ait de puissants souvenirs attachés qu'aux seules ruines des palais de Néron et d'Adrien.

Ce sont des préjugés que le temps aura de la peine à détruire. Et pourtant, sous ce sombre Bocage de la Vendée, ce « *labyrinthe inextricable et profond* », comme l'appelait Kléber, on rencontre à chaque pas une foule de paysages délicieux, de vues pittoresques et variées, de cascades fraîches et limpides ; rien n'y manque, pas même les ruines ; la plupart, il est vrai, tristes vestiges des discordes civiles, mais qui, pour n'être pas antiques, n'en rappellent pas moins de grands et impérissables souvenirs.

Pour parcourir avec fruit et comme il le mérite ce Bocage aux aspects si romantiques, il est indispensable d'user d'un mode de locomotion pratique avant tout, autant qu'agréable.

Il est une sorte de véhicule aujourd'hui fort en honneur, qui semble assez bien répondre à ces deux conditions : je veux parler de ce petit cheval d'acier, qu'en des termes moins recherchés on nomme la Reine-Bicyclette. Elle présente un inconvénient, c'est de ne pouvoir servir qu'à ceux-là seuls qui se livrent à ce genre de sport.

Aller à pied, est, quand on le peut, ce qui semble encore préférable. Mais l'un n'exclut pas l'autre. C'est simplement question de goût.

Admire qui voudra les chemins de fer, les wagons, les locomotives, la vitesse avec laquelle on dévore l'espace sans jouir de rien, si ce n'est du plaisir d'arriver quand on se croit à peine parti ! Ces malheureux que la vapeur emporte, immobiles, pressés dans une caisse comme des marchandises, connaissent-ils l'imprévu, cet amusant ami du piéton ? A moins que l'imprévu, les arrêtant tout court dans leur vol rapide, ne les tue par un de ces terribles accidents qu'ils ne peuvent ni prévoir, ni éviter !

A pied, comme en bicyclette — avantage considérable — on ne dépend que de soi. On part à son moment, on s'arrête à sa volonté. On fait tant et si peu de chemin qu'on veut. On observe le pays à sa guise ; on se détourne à droite, à gauche, tantôt pour saluer de plus près une vieille tour couronnée de lierre et entrevue d'en bas sur la colline ; tantôt pour s'enfoncer dans un bosquet ombragé, où brille, au milieu des fougères, un ruisseau jaseur, dans les eaux limpides duquel les oiseaux viennent se désaltérer et tremper leurs ailes en passant. On examine en un mot tout ce qui flatte ; on s'arrête à tous les points de vue.

On peut ainsi prendre le chemin le plus pittoresque ; c'est quelquefois le plus long, mais c'est du moins celui qui plaît le mieux. On va plus lentement peut-être, mais on se promène en voyageur intelligent, cueillant la fleur où elle fleurit, pâquerette dans les prés, scolopendre ou clématite sur les ruines, sans oublier que les fleurs forment le bouquet, et que ce bouquet sera plus tard toute une moisson de souvenirs.

I

EN ROUTE POUR LE BOCAGE. — FONTENAY. — SES GRANDS HOMMES ET SES CURIOSITÉS. — LA FORÊT DE MERVENT. — BAGUENARD. — ENLÈVEMENT DE MARIE-JEANNE. — LA CHATAIGNERAIE.

DE *Fontenay*, notre point de départ, nous dirons peu de choses. Située à la limite du *Bocage*, de la *Plaine* et du *Marais*, cette antique capitale du Bas-Poitou a eu trop d'historiens fameux pour qu'il soit permis d'en parler honnêtement après eux. Lorsqu'on aura parcouru sa superbe Avenue de la République, qui fait l'admiration des étrangers, qu'on aura jeté un coup d'œil à sa cathédrale, qui compte parmi l'un des chefs-d'œuvre du genre, et dont la superbe flèche « belle à deux pas, belle à deux lieues », comme l'a dit un poëte, se dresse fièrement dans les airs ; qu'on aura visité l'antique habitation de Nicolas Rapin, le château de Terre-Neuve, ainsi que les magnifiques collections qu'il renferme, on aura à peu près vu tout ce qu'il y a de remarquable dans la ville. Le Collège, qui, d'après Elisée Reclus, passe pour l'un des plus beaux de l'Ouest de la France, mérite une mention particulière.

Bâti en amphithéâtre sur les rives de la rivière *Vendée*, Fontenay est avant tout une ville industrielle et commerçante. Jadis pourtant, sa fastueuse devise en fait foi, elle eût son moment de gloire littéraire : *Viète*, l'inventeur des signes algébriques ; *Nicolas Rapin*, l'un des joyeux compères de la Satire Ménippée ; *Tiraqueau*, le fameux jurisconsulte dont le nom est encore placé avec respect à côté de celui de *Cujas* et qui, à cause de son grand savoir, fut surnommé par ses contemporains le *Varron* de son siècle ; *Barnabé Brisson*, l'auteur du code Henri III, et jusqu'à un certain point, le joyeux *Rabelais*, de pantagruélique mémoire, sont les enfants de celle qu'on a appelée, depuis, la Fontaine des Beaux-Esprits (1).

L'aurore nous souriait à peine que, par une belle matinée de l'été dernier, nous franchissions les portes de Fontenay, mettant le cap sur la Châtaigneraie, but premier de notre excursion vers la haute Vendée.

Tout en saluant avec joie le réveil de cette nature qui, dans nos campagnes vendéennes, revêt de si éclatantes livrées, nous avons bientôt vite fait de laisser dernière nous l'élégant clocher de Notre-Dame, dont la silhouette dentelée se dresse toute lumineuse dans le ciel du matin avec ses pinacles, ses clochetons et ses balustrades ajourées.

Après *Saint-Rémi de Pissotte*, que nous traversons rapidement, la route se déroule comme un large ruban entre deux épaisses haies de verdure. Cette route, construite au lendemain de l'insurrection vendéenne de 1831, laisse tout d'abord à sa droite *Mervent* et la Forêt, si justement appelée la *Petite Suisse de la Vendée*, et un peu plus loin *Vouvent* et la grotte du père Montfort, non moins renommée auprès des pélerins par ses vertus curatives que par son élixir fabriqué avec les soi-disantes plantes de la forêt qui l'environne. A peine, à travers une éclaircie d'arbres, aperçoit-on les ruines de la *Tour de Mélusine*, mère du terrible *Geoffroy la Grand-Dent* (2).

(1) Pendant dix ans, en effet, bien avant d'aller se faire recevoir docteur à la Faculté de médecine de Montpellier, Rabelais habita le couvent des Cordeliers de Fontenay, où il sut se conquérir de bonne heure la réputation d'un lettré. Il a donc droit de cité dans cette ville. C'est du reste à sa sollicitation pressante que François Ier donna, en 1542, à Fontenay, les armes et la devise célébrée si souvent par les poètes du XVIᵉ siècle : *Felicium ingeniorum Fons et Scaturigo.*

(2) Ce Geoffroy la Grand-Dent était le cinquième fils de la fée Mélusine, sœur de Guillaume, comte de Poitou, qui a tant fait parler d'elle, soit par la fable, soit par les histoires, et à laquelle la légende attribue la fondation de Lusignan, Pouzauges, Tiffanges et Mervent, dont elle construisait les forteresses la nuit, au clair de la lune, pour ne pas être vue des paysans. Il est aisé de reconnaitre en elle le modèle sur lequel ont été copiés le roman et l'opéra de la Dame Blanche.

Ce hameau, au sommet de cette côte boisée, délicieusement irradiée par les premiers feux d'un soleil d'été, c'est *Baguenard*, avec son superbe viaduc, entre les pyramides géantes duquel s'écoule lentement, dans la buée du matin, le timide *Fougeray*. Un moment, Baguenard eût sa renommée dans les guerres de Vendée : lors de la première bataille de Fontenay, les Vendéens y furent poursuivis et battus. On leur prit vingt-cinq pièces de canon, au nombre desquelles était la fameuse *Marie-Jeanne*, dont ils s'étaient emparés au siège de Cholet et qu'ils regardaient comme leur palladium (1). La fureur des soldats mis à leur poursuite était telle, rapporte la chronique, que quelques-uns rentrèrent à Fontenay avec des *chapelets d'oreilles de chouans !*

Mais arrêtons-là nos souvenirs pour secouer la poussière du voyage avant d'entrer à la *Châtaigneraie*, où nous arrivons bientôt. Cette petite ville, que le général Lamarque, en 1815, comparait à un nid de rossignols sur un baril de poudre, couvre de ses coquettes demeures le penchant méridional d'une colline d'où la vue s'étend au loin sur un pays très poétiquement accidenté, entrecoupé de nombreux vallons boisés et de vertes prairies.

Si l'on en croit les archéologues (et pourquoi ne les croirait-on pas ?) une bourgade celtique, dominée par un petit bois de châtaigniers, aurait été son berceau.

Au xve siècle, elle possédait d'importantes fabriques d'étoffes de laine et de molleton. Ces fabriques, dont les produits étaient très estimés par les riverains du fleuve Saint-Laurent, prirent une telle extension, que sous Colbert, tel marchand de ce bourg avait entrepôt à la Rochelle, deux ou trois navires à lui, et comptoir à Québec. *Quantum mutatus ab illo !*

La révocation de l'Edit de Nantes et la perte du Canada, portèrent un coup funeste à cette industrie alors si prospère.

(1) Ce canon est aujourd'hui conservé au musée d'artillerie de Versailles.

Les derniers métiers disparurent presque tous avec les troubles de la Révolution.

Le 14 mai 1793, quelques jours avant la prise de Fontenay par l'armée royaliste, celle-ci, forte de 30,000 hommes, pénétra dans la Châtaigneraie, qu'elle incendia en partie, malgré l'intervention de d'Elbée et de Cathelineau (1).

A part la beauté merveilleuse de son site, la Châtaigneraie ne présente rien de bien curieux pour le touriste (2). Aussi, le temps de dire deux mots à un appétissant pâté, dont un lièvre du pays a fait tous les frais, et nous reprenons allégrement notre route vers Pouzauges.

(1) Ce dernier n'accepta de la personne chez qui il était logé une culotte neuve, à la place de la sienne, déchirée pendant le combat de la journée, qu'en échange du billet suivant, conservé dans les papiers de Mercier du Rocher.

« A la Châtaigneraie, le 15 mai 1793.

» Bon pour une culotte de 10 livres à M. Cathelineau.

» DESBARGUES, *commandant* ».

(2) Rappelons en passant, qu'une Françoise Arouet, sœur de l'aïeule de Voltaire et veuve d'un riche fabricant de la Châtaigneraie, mourut en ce lieu vers 1680.

II

LES ROUTES DU BOCAGE. — CHEFFOIS. — RÉAUMUR. — LE GRAND PHYSICIEN. — POUZAUGES. — LE VIEUX CHATEAU. — LE BOIS DE LA FOLIE.

RIEN de plus frais et de plus varié que les routes boisées et fleuries du Bocage. De la Châtaigneraie à Pouzauges, de Pouzauges aux Herbiers, Tiffauges, Mortagne, on ne rencontre que verdure et ruisseaux. Au printemps, les haies qui bordent ces routes semblent autant de guirlandes de fleurs. De chaque buisson, s'élancent les longues tiges pourpres des digitales, se mêlant à la blancheur immaculée de l'odorante aubépine, aux touffes éclatantes de l'orgueilleux coquelicot. L'églantier aux étoiles blanches et roses, le chèvrefeuille aux bouquets embaumés, entourent de longs festons les troncs des arbres, et marient la douceur de leurs teintes délicates à la sévérité du feuillage ; tout, dans la végétation, a un air de force et de vigueur réjouissant à l'œil. On y oublie bien vite la *Plaine*, et l'on n'y regrette point le *Marais*.

Aussitôt après les escarpements grandioses des rochers de la Châtaigneraie, le spectacle change comme par enchantement. Lorsque vous vous retournez, vous êtes au milieu des bois, sur une hauteur ; au-dessous de vous des bois, autour de vous des bois, et en face, s'arrondissant en faucille comme une verte ceinture, les plateaux de la Gâtine. On entre dans le *Bocage.*

Que ce simple mot rappelle de souvenirs ! Le Bocage, c'est la fraîcheur, les grands bois, le calme, la retraite ; mais c'est aussi l'énergie farouche, la foi ardente, la fidélité au régime déchu. Et ce sont ces deux aspects du Bocage, qu'un poète vendéen, M. Emile Grimaud, a si bien exprimé dans un vers resté célèbre :

O terre de géants et de genêts en fleurs !

La force unie à la grâce.

Cheffois, que l'on aperçoit avant d'atteindre Réaumur, n'a rien qui puisse attirer le touriste, si ce n'est le clocher de son église, où croit en liberté une véritable forêt de jeunes ormeaux.

L'humble bourg de *Réaumur*, où l'on parvient ensuite, fut le berceau d'une grande découverte. C'est là que René Ferchault de Réaumur, né en 1683, à la Rochelle, inventa son thermomètre. Un des plateaux de la Gâtine a vu ses premières expériences.

Amère instabilité de la gloire ! Si Réaumur porte encore aujourd'hui le nom du savant qui l'a illustré, et dont la famille régnait autrefois sur ses habitants, maintenant, combien en est-il parmi eux qui sachent au moins l'existence et la découverte de ce physicien? Adressez-vous à un paysan du crû, vous n'en tirerez nul renseignement. Heureux si vous pouvez lui faire saisir la distinction de Réaumur-bourg et de Réaumur-homme !

Arrivé là, on a parcouru la moitié du chemin qui sépare la Châtaigneraie de Pouzauges. Le reste se fait bien vite sur cette route blanche et accidentée, bordée de bois et de prairies, au chant des oiseaux qui gazouillent dans les haies.

Et puis, entendez-vous là-bas, dans le lointain, ce chant monotone et traînant? C'est un jeune paysan qui, penché sur sa charrue, presse ainsi ses bœufs « véritables patriarches de la prairie », et fait résonner l'écho des vallées de ses chants rustiques. Ces airs, dont quelques-uns sont empreints d'une poésie touchante, et qui, toujours modulés sur un ton mélancolique et plaintif, ressemblent aux chants des peuples primitifs, s'harmonisent parfaitement avec le silence des bois et le calme de la nature.

Voici enfin *Pouzauges*, sur cette hauteur de la Gâtine. C'est une jolie petite ville, merveilleusement située, et d'où l'on embrasse une immense étendue de pays. Suspendue au penchant d'un côteau, elle éparpille jusque dans la vallée ses blanches maisons dont les façades resplendissent, croisées ouvertes au soleil (1). Sur le sommet de la colline, les pieds fortement ancrés dans le rocher, le vieux château féodal se dresse à demi démantelé. Cette forteresse, dont on visite les ruines imposantes, n'est autre chose qu'un vaste bastion carré d'une hauteur prodigieuse, et flanqué de tourelles construites à la manière des Romains. Ce donjon, qui appartenait au fameux Gilles de Retz, le prototype du légendaire *Barbe-Bleue*, aurait été, paraît-il, ruiné par Du Guesclin après qu'il en eût chassé les Anglais.

Aujourd'hui, le lierre y grimpe de toutes parts ; la giroflée, cette fleur des ruines, y vit en abondance et parfume ces débris de sa douce senteur.

Mais montons plus haut : nous arrivons au *Bois de la Folie*. D'ici, le coup d'œil est féerique. Tout le Bocage est là sous vos pieds, immense panorama. Le Bois de la Folie, par son élévation, sert de point de repère aux navigateurs. Quoiqu'à vingt lieues de la mer, il ne s'en montre pas moins aux matelots longtemps avant la terre. Aussi le gouvernement défend-il à son propriétaire d'abattre le bouquet d'arbres qui couronne le mamelon. Cette fois, la loi et la science sont d'accord avec la nature. Ce serait véritablement un crime d'abattre ces vétérans, gémissants et échevelés sous la pluie et les vents d'hiver, et aussi beaux pour le moins que ceux que Mme de Sévigné regrettait tant à son château du Buron, près de Nantes.

Que de noms aimés, que d'aveux sont gravés dans leur rude

(1) Il existe deux Pouzauges : l'un appelé le *Vieux-Pouzauges* et l'autre *Pouzauges-Ville*. Le vieux Pouzauges est situé dans la Plaine, et Pouzauges-ville est bâti en amphithéâtre sur la pente méridionale de la colline ; on distinguait autrefois deux communes, mais depuis 1826, les deux sont réunies en une seule. Notons, en passant, que depuis quelques années cette petite ville, perdue au fond du Bocage, est, à l'instar des plus grandes cités, éclairée à la lumière électrique.

écorce ! Combien même de jeunes filles, avec leurs blanches mains et leurs doigts frais et roses, n'ont-elles pas imprimé sur ces vieux rameaux leurs plus secrètes pensées !

On voit, au Bois de la Folie, la *Fontaine aux Loups*, formée par un chêne dont le tronc se divise en trois grands arbres, et où l'eau s'est creusé une sorte de réservoir qui, d'après les gens du pays, servirait la nuit à abreuver les fauves. C'est sous les vastes ombrages de ce chêne qu'on nous apporte notre repas, auquel nous nous empressons de faire honneur.

Tout en l'arrosant du généreux vin de Sigournais qui passe pour le meilleur de la contrée, notre attention se trouve fixée par l'immensité de la plaine qui se déroule à nos pieds. Que de bourgs, que de villages, que de jolies maisons de plaisance apparaissent à la fois : Châtillon-sur-Sèvre, le Boitissandeau, Ardelay, le mont des Alouettes, dont on aperçoit dans le lointain la croupe verdoyante, le Fief-Milon, Puy-Papin, dont les ruines se dressent, hardiment campées au sommet d'un coteau escarpé, la flèche aigüe de la cathédrale de Luçon, semblent émerger de cet océan de verdure sillonné de temps en temps du long panache blanc d'une locomotive qui traverse au loin le Bocage.

A la vue d'un tel spectacle, au milieu de ce calme et dans cette solitude, l'âme se sent prise de mélancolie et d'extase.

III

APRÈS nous être arrachés à grand'peine à la vue de ce
magnifique panorama, nous nous dirigeons vers la
Flocellière, petit bourg que la route allant de Pouzauges aux
Herbiers laisse à sa droite ; nous prenons le chemin le plus
long, mais c'est de beaucoup le plus pittoresque. Là, comme
partout ailleurs, les ruines n'y manquent point ; deux coups
de pédales, et nous apercevons bientôt devant nous, sur le
bord d'une profonde et riante vallée, celles d'un vieux château
féodal. Elles appartiennent aujourd'hui au vice-amiral Alquier.
Ce qui frappe dès l'abord dans cet amas de murs écroulés, de
pans de murailles encore debout, c'est une tour intérieure
couronnée de machicoulis. Cette tour, restaurée il y a quelques
années, est aujourd'hui encadrée dans de nouvelles constructions,
auxquelles elle donne comme un cachet d'antiquité. Elle fait
partie du nouveau château du baron Alquier. Un souvenir
historique s'y rattache. C'est là que Lescure vint se guérir des
blessures qu'il avait reçues à la prise de Saumur.

Le touriste ne peut quitter la Flocellière sans visiter la grotte
de *Notre-Dame-de-Lorette*. Cette petite chapelle, située derrière
le maître-autel de l'ancienne chapelle des Carmes, est une copie
absolument exacte de celle qui existe en Italie. Tout y est noté,
jusqu'aux briques écornées, aux murs par endroits décrépits.
C'est, à certaines époques de l'année, pour les gens de la
contrée, un but de pèlerinage très fréquenté.

Après la Flocellière on s'enfonce tout à fait au cœur du Bocage.

Saint-Michel-Mont-Mercure, où l'on arrive bientôt, est, s'il faut en croire Cavoleau (1), le point le plus élevé de nos *Alpes Vendéennes*. Le sol de l'église serait à 285 mètres au-dessus de la mer. Montez dans son clocher, vous y aurez une vue splendide, réellement grandiose, plus vaste peut-être que celle que l'on a du Bois de la Folie. Les collines opposées descendent vis-à-vis vous comme en amphithéâtre. Il semblerait que ces montagnes couvertes de bois, de moissons et de villages, auraient été disposées dans cette plaine immense comme les décors d'un vaste théâtre.

Le clocher de l'église, entretenu aux frais de l'Etat, sert, comme le Bois de la Folie, de point de repère aux navigateurs.

De Saint-Michel-Mont-Mercure, une route mène aux Herbiers par les *Epesses*. Cette route laisse à sa gauche la *Croix-Barra*, encore un lieu célèbre dans les annales de la guerre de Vendée. C'est là que fut tué ce jeune héros de 15 ans qui, fait prisonnier par les Blancs, préféra tomber sous leurs balles au cri de : *Vive la République !* que d'avoir la vie sauve et crier *vive le roi!* Nulle inscription cependant ne rappelle cet exploit héroïque. Malgré cela, le nom de Barra est dans toutes les mémoires : c'est son plus sûr garant de l'immortalité !

Si un jour de foire on traverse cette partie du Bocage, on en saisit bien mieux la physionomie. La foire est ici un plaisir ; le chemin pour s'y rendre une gaieté. Du côté de Pouzauges et des Herbiers, le voyageur rencontre çà et là des jeunes filles conduisant elles-mêmes des charrettes dans les chemins couverts. Bandes joyeuses et confuses, babillant comme toutes les jeunes filles et riant à grands éclats, presque sans cause, et souvent pour le plaisir de rire, elles ont quelque chose de déluré dans la tournure ; le fouet passé autour du corps,

(1) Statistique de la Vendée.

elles apostrophent leurs bêtes en termes énergiques et quelquefois mêlés de jurons bien accentués. Si la route est belle, l'une d'elles commence une chanson que les autres répètent en chœur ; presque toujours, ce sont des chants d'amour qu'elles apprennent dès l'enfance. Le poète ignoré qui les a composés, y a parfois glissé des mots d'une licence toute crue ; elles les répètent naïvement sans les comprendre, et l'on est étonné d'entendre ces strophes dénudées sortir de fraîches et candides lèvres de jeunes filles.

En Vendée, il faut le dire, les chansons tiennent une grande place dans l'existence. L'habitant du Bocage surtout, est le boute-en-train de toutes les réunions.

Aux noces, comme dans les *préveils*, il chante les plus interminables chansons, et mène avec vigueur ces danses jadis célèbres à la cour de Catherine de Médicis, et connues sous le nom de « *branles du Poitou* ». Chansons de table ou de rondes, chansons *chemineresses* pour les voyages, ou quand on emmène une mariée d'un village à l'autre, il en a de toutes sortes. On en pourrait composer un bien curieux recueil.

Le premier bourg où l'on arrive ensuite a pour nom les Epesses. Après l'avoir traversé à la hâte au bruit des métiers à tisser, le voyageur voit bientôt se dresser devant lui, à deux kilomètres de là, au sommet d'un côteau poétiquement escarpé, les restes d'un vieux manoir. Ce sont les ruines du *Puy-du-Fou*, antique et superbe demeure seigneuriale, construite en briques et en granit vers le XVIe siècle, à la suite des expéditions de Louis XII et de François Ier en Italie.

Le vieux château, ou plutôt ses ruines, ne sont plus habitées ; seul, le gardien occupe l'une des servitudes que le propriétaire a fait réparer. La porte d'entrée actuelle, que l'on atteint après avoir traversé une immense cour, est située au fond d'un péristyle quadrangulaire. Au-dessus du fronton qui la couronne, règne une balustrade qui entoure une terrasse aujourd'hui en ruines. On y accède par un escalier en forme de colimaçon, dont les voûtes de granit sculptées en rosaces, sont si bien conservées, qu'on dirait qu'elles viennent de sortir du ciseau de l'artiste.

Après être monté sur le faîte du château pour admirer le superbe coup d'œil dont on jouit du sommet de ces ruines, nous demandons à visiter les caves et le fameux bassin entouré de douze sièges de granit, objet de la curiosité de tous les visiteurs. Cette faveur nous étant accordée, nous l'examinons avec attention à la lueur d'un flambeau. Ce bassin forme un carré parfait de cinq à six pieds de profondeur environ ; des sièges de granit, se touchant les uns les autres et affectant la forme de fauteuils antiques, sont rangés tout autour à deux pieds de distance.

Autrefois, nous dit-on, de petites tables de pierre étaient placées devant chacun de ces sièges, et comme le jour ne pénétrait jamais dans ce souterrain, une lampe énorme, suspendue à la voûte par un crochet de fer, répandait dans ce lieu sombre sa lumière blafarde.

A quel usage cet étrange réduit pouvait-il bien être consacré? Sa situation, au fond d'un immense cellier, a fait longtemps soupçonner que ce bassin n'était autre chose qu'un vaste cuvier où l'on mettait à fermenter le vin nouveau ; — que les sièges servaient aux buveurs, et que cet endroit écarté devait être consacré aux orgies bacchiques des seigneurs du lieu, qui s'y rendaient avec leurs compagnons de débauche. Cette version paraît peu probable, et tout porte à croire que ce prétendu bassin, aujourd'hui comblé en partie, donnait simplement accès à un escalier souterrain qui, s'ouvrant dans la campagne, devait servir en cas de siège, à assurer la fuite des assiégés, comme cela se remarque dans plusieurs châteaux de cette époque. Cet escalier devait être de forme tournante, de façon que si l'ennemi en découvrait l'entrée, il ne put y introduire des échelles pour atteindre jusqu'à la hauteur du puits ; autour de ce puits veillait jour et nuit un corps de garde, auquel les fameux fauteuils de pierre devaient servir de sièges.

Quant à l'histoire du Puy-du-Fou, elle se borne à peu de

souvenirs. Elle compte cependant un beau jour dans ses annales. C'était au temps de François Ier; ce monarque venait de Bayonne, amenant avec lui sa jeune épouse, la reine Eléonore. Il était suivi d'une Cour brillante, au milieu de laquelle se distinguait le vaillant Bayard, ce chevalier sans peur et sans reproche. Le cortège s'en allait en chevauchant le long des bois, dans les vallées et sur les côteaux, quand tout à coup se présente à leurs yeux un manoir inconnu. On s'avance vers la porte principale, la trompette du héraut d'armes se fait entendre : le pont-levis s'abaisse, et bientôt le roi entre avec toute sa suite dans la grande cour d'honneur, alors si brillante, maintenant presque déserte. Le châtelain le reçoit avec tous les honneurs dûs à sa royale personne, et le soir, à la lueur des flambeaux, un somptueux festin lui est offert, ainsi qu'aux siens. Puis la nuit étant venue, le roi va goûter quelques heures de repos et, dès l'aube, les illustres voyageurs reprennent leur course à travers les sentiers fleuris du Bocage, tout humides encore de la rosée de la nuit (1).

(1) Un François II, du Puy-du-Fou, devenu chambellan du roi et chevalier de l'ordre, fut gouverneur de la ville et du château de Nantes en 1544. La tradition veut que ce soit lui qui ait eu l'honneur de recevoir François Ier dans son château du Puy-du-Fou.

IV

SAINT-LAURENT-SUR-SÈVRE. — ASPECT DU PAYS.
LES ÉTABLISSEMENTS RELIGIEUX. — LE TOMBEAU DU PÈRE MONTFORT.

APRÈS avoir, comme cela est d'habitude, apposé nos noms, prénoms et qualités au registre des visiteurs, nous quittons ces ruines pour retourner sur nos pas. Nous traversons de nouveau les Epesses sans nous y arrêter, pour mettre le cap sur *Saint-Laurent*. La route qui conduit à ce bourg, lieu de pélerinage de ceux qui vont demander au père Montfort, le grand saint de la Vendée, la guérison de leurs maux, se déroule sur des côteaux qui, se succédant l'un à l'autre, découvrent à chaque pas une vue nouvelle. Partout des prés ombragés, des champs bien cultivés, des maisons couvertes de tuiles rouges qui se laissent apercevoir de loin en loin à travers les arbres. De vastes champs de lin à la fleur bleue, étalent de tous côtés leurs immenses nappes d'azur ; on les prendrait de loin pour le miroir des lacs réfléchissant un ciel pur.

Quand au printemps, toutes les haies sont en fleurs, que les prés sont émaillés, que du milieu de ces champs et de ces grands bois, s'exhale une brise embaumée, on se croirait transporté dans l'un de ces beaux paysages grecs décrits par l'auteur des *Martyrs*.

Arrivés enfin au sommet d'une dernière colline, nous découvrons tout à coup à nos pieds, le petit bourg de *Saint-Laurent*. Baigné d'un côté par la Sèvre, entouré de l'autre par une chaîne de côteaux, il semble avoir été placé à dessein dans le fond de cette étroite vallée. C'est ici que se trouve la maison-mère des *Filles de la Sagesse* ou *Sœurs grises*, comme on les appelle encore. C'est dans un bas-côté de la magnifique église paroissiale que repose la cendre du fondateur de ce grand ordre, le père *Grignon de Montfort*, dont nous avons déjà parlé à propos de la Forêt de Mervent. Quelques pierres maçonnées, couvertes d'un marbre noir où sont gravés son nom et son âge, composent toute la décoration de ce tombeau, qui par sa simplicité, contraste fort avec les superbes colonnades et les grâcieuses sculptures de la nouvelle Basilique.

Dans la vieille église qui est proche et que l'on démolit actuellement, l'on remarque une statue de Saint-Laurent, tenant dans sa main le gril qui l'a rendu célèbre.

Le couvent des sœurs de la Sagesse touche à l'église paroissiale. La chapelle, véritable petit bijou, occupe le centre de l'édifice. Elle mérite la peine d'être vue : c'est le *great attraction* de l'endroit. Les vitraux sont d'une richesse inestimable. Quant à la chaire, véritable merveille de sculpture, elle semble, dans l'ensemble de ses conceptions, un défi porté aux lois de la pesanteur, une gageure avec l'impossible, un rêve irréalisable et partout réalisé, une véritable folie architecturale qu'un souffle devrait faire évanouir. Aussi, est-ce à juste titre qu'elle est célèbre auprès des étrangers, qui ne manquent jamais de l'aller visiter.

Le bourg n'offre par lui-même rien de bien remarquable. Le commerce des toiles, dites de *Cholet*, que l'on fabrique dans tout le pays, suffit à y faire vivre une population de sept à huit cents âmes. Pour en sortir, il nous faut traverser un magnifique pont métallique, construit par *Eiffel* et jeté il y a quelques années entre les deux rives de la Sèvre.

Après Saint-Laurent, nous retrouvons les rochers ombragés, les plantes grimpantes et les chênes touffus que nous avions laissés à l'entrée du bourg. Mais il se fait déjà tard, et bientôt le soleil ne tarde pas à disparaître à l'horizon. Nous hâtons notre course, et la nuit est déjà venue, lorsque nous apercevons dans le lointain quelques points lumineux qui s'alignent capricieusement devant nous.

Cette petite ville bruyante, animée, manufacturière, où nous arrivons bientôt, c'est *Mortagne*. Son aspect délasse et fait un heureux contraste avec la solitude austère du Bocage. Tout le jour, on n'a entendu que rossignols et merles en liesse. Pour une soirée, pour une nuit, on semble rentrer dans la vie.

V

MORTAGNE-SUR-SÈVRE ET SON HISTOIRE. — LE VIEUX CHATEAU. — UN PONT CONSTRUIT PAR FRESNEL. — LA VALLÉE DE LA SÈVRE ET SES FILATURES. — LES COTEAUX DE FLEURIÈS.

Dès l'aube, une légion d'ouvriers se rendant aux manufactures nous tire, par le bruit de ses pas, du sommeil où nous sommes plongés. A l'horizon, le soleil se lève radieux, dissipant par ses rayons la légère buée du matin qui couvre encore la terre ; la journée promet d'être belle ; vite, sur pied, et en route !

Notre première visite est pour le vieux château, bâti par les Anglais vers la fin du xii siècle. Bien qu'il soit aujourd'hui en ruines, il offre encore quelques restes curieux à visiter. Deux ou trois salles assez bien conservées, des escaliers voûtés et tournants, des restes de vieilles fortifications peuvent y attirer un instant l'antiquaire ; mais de ses fenêtres, dont l'encadrement subsiste encore, le paysagiste découvre des vues vraiment délicieuses.

Quant aux cours pavées du château, elles sont devenues de vastes jardins où croissent des légumes, et les murs, des carrières fertiles en pierre de taille sur lesquelles spécule le vandalisme.

Mais montons sur la plate-forme du château ; de là nous jouirons d'un panorama admirable. A nos pieds, nous découvrons *Mortagne*, que nous avons à peine entrevu la veille « sous l'obscure clarté qui tombait des étoiles ». Devant nous, deux chaines de montagnes forment, entre leurs rocs à pic, une vallée profonde où coule en serpentant la Sèvre-Nantaise.

Assise en amphithéâtre sur l'une de ces deux chaînes, la petite ville de Mortagne étale gracieusement ses maisons jusque dans la vallée. Une route taillée à mi-côte, dans le flanc de la montagne, descend de la ville par une pente douce jusqu'à la rivière, pour remonter ensuite de l'autre côté sur le flanc de la colline opposée. Cette route, une des plus belles et des plus audacieuses qui soient en France, fut créée par Louis XVI. Un superbe pont en granit, construit par le célèbre ingénieur et physicien *Fresnel*, relie entre elles les deux rives de la Sèvre.

La vue que l'on découvre de dessus ce pont est ravissante. La Sèvre, sortant au loin de derrière les rochers, déroule en capricieux méandres ses flots argentés qui viennent amoureusement baigner plusieurs petites îles plantées d'aulnes et de peupliers gigantesques ; ces îles se multiplient tellement qu'elles offrent l'aspect d'un véritable bois sous lequel les eaux, à travers des quartiers de rocs noircis, fuient et bouillonnent. Ce bruit des eaux tombant de cascade en cascade, la blancheur éblouissante de l'écume, la noirceur des rochers où elle vient se briser, ces riants bocages qui la couvrent de leur épaisse verdure, ces côteaux qui, des deux côtés, s'élèvent drapés de lierres et autres plantes grimpantes, tout ce tableau laisse dans l'âme du spectateur, appuyé sur les parapets du pont, une douce et poétique émotion.

L'origine de Mortagne se perd dans la nuit des temps. Elle doit, dit-on, sa naissance aux premières garnisons que les empereurs Romains envoyèrent dans la Haute-Aquitaine, lors de l'invasion des Gaules, pour soumettre les farouches *Agésinates,* qui habitaient cette contrée. Ces derniers, que César lui-même ne vainquit qu'après une résistance opiniâtre, et que la République Romaine qualifia de *mala gens,* donnèrent dans la suite à ce général leurs meilleurs marins pour l'aider à vaincre les Vénètes ; ils valurent par là, à la province entière, l'amitié du vainqueur, qui les exempta de certains impôts dont furent grevées les autres tribus, ce qui les fit appeler par Lucain *Pictones immunes.*

Mortagne fut un des premiers camps retranchés établis par César dans cette contrée : on lui donna le nom de *Ségora*. Un proconsul romain y résidait. Son autorité était celle des préfets de Rome. Il commandait les armées et donnait des ordres au pays conquis.

La tradition rapporte qu'un de ces proconsuls, dont la réputation était enviée de tous les peuples de la Gaule, y perdit sa fiancée, une jeune fille d'une grande noblesse et d'une merveilleuse beauté : *Agnès* était son nom. Ne pouvant se consoler d'une perte si cruelle, il voulut, dit-on, pour en perpétuer le souvenir, que le nom de *Ségora* fut changé en celui de Mortagne, de *Mors Agnes*. Depuis, soit qu'on ait respecté ce deuil, soit qu'on ait craint de changer un nom consacré sur une tombe, cette ville s'est toujours appelée Mortagne.

Vers la fin du xie siècle, au temps de la première Croisade, elle devint la propriété seigneuriale de Robert, frère de Guillaume le Conquérant, roi d'Angleterre et duc de Normandie.

Au commencement du siècle suivant, elle passa sous la domination anglaise, et y resta jusqu'en 1373, époque à laquelle Olivier de Clisson chassa pour toujours les Anglais du Poitou.

Pendant les guerres de religion, elle fut alternativement prise et reprise par l'un et l'autre parti.

Occupée par les *bleus* en 1794, elle fut investie par de nombreuses colonnes vendéennes qui s'en emparèrent bientôt et y commirent de sanglantes représailles. Les ruines d'une riche abbaye de Bénédictins, incendiée à cette époque, témoignent encore aujourd'hui contre le vandalisme de ces cyniques vainqueurs.

A *Ségora*, s'élevait autrefois un temple à Bacchus. Les *Agésinates* y venaient souvent, dit-on, faire des libations en l'honneur de leur dieu. La chronique rapporte même que les hommes d'alors étaient les plus fervents. S'ils ont aujourd'hui conservé quelque chose de leur ancien culte, c'est sans doute en mémoire de leurs pères ou par regret pour eux. Il est probable que dans ces temps reculés la religion ne devait pas trouver de détracteurs, si l'on en excepte les femmes qui devaient quelquefois pâtir après l'office divin.

Sur les ruines de ce temple est bâtie l'église de Mortagne. On voit encore, sur la principale porte d'entrée, un tigre et une lionne dont la sculpture grossière remonte aux premiers âges. Ces deux pierres son restées seules à peu près de l'édifice élevé en l'honneur du paganisme. Cependant, dans l'intérieur du monument, on remarque aux chapiteaux des colonnes, des feuilles de pampre dont on comprend facilement l'origine.

Mortagne est renommée par ses filatures. Il était donc juste que nous en visitions quelques-unes.

Là, nous vîmes fabriquer devant nous ces grands mouchoirs à carreaux noirs et jaunes, dits *mouchoirs de Cholet*, que l'on trouve dans toutes les foires du Poitou. Ces filatures, qui occupent un nombre considérable d'ouvriers des deux sexes, font vivre en grande partie la population de Mortagne.

De là, on nous mena voir de l'autre côté de la Sèvre les magnifiques côteaux de *Fleuriès*, le petit *Trianon* de la ville. Par ces sentiers ombragés, tracés avec goût au penchant d'un côteau, on peut errer longtemps avant que l'espace manque. Partout des gazons et des fleurs : des grottes creusées dans le flanc de la montagne, donnent asile à des animaux sauvages qui vivent là dans une liberté relative. Mais arrêtons-nous un instant à la terrasse qui termine cet Eden ; d'ici, l'œil embrasse une des vues les plus grâcieuses ; cette longue draperie de rochers qui forment le fond du tableau, ces bruyères aux fleurs d'un rouge de pourpre, l'or pâle des genêts mêlés à la blancheur immaculée des pièces de toile étendues à perte de vue sur les prairies d'alentour, ces deux rives, bordées d'arbres sous lesquels règne un frais ombrage, ces moulins champêtres que l'on voit à gauche dresser leur silhouette sur le fond de l'horizon, cette grosse tour délabrée, vieux débris de la forteresse anglaise, qui s'élève au-dessus du paysage, tout ici captive et charme la vue.

Une excursion à Rochard

La vallée de la Sèvre est incontestablement ce qu'il y a de plus curieux et de plus pittoresque à voir à Mortagne.

C'est une vraie rivière vendéenne, tortueuse et sombre dans ses eaux, toute bordée de hauts côteaux chargés de bois et de rochers épars. Pour l'admirer dans toute sa beauté, il faut l'aller voir à *Rochard*, à deux ou trois kilomètres de Mortagne. Là, on aura une idée exacte de la physionomie du pays ; là, on pourra contempler à son aise cette vallée charmante et variée dans ses détails, d'un grand et imposant aspect dans son ensemble.

Arrivés de bonne heure en cet endroit, nous fîmes halte sur le bord d'un côteau élevé, d'où l'on dominait tous les autres. Ce côteau, qui descend à pic, se termine brusquement à deux ou trois cents pieds au-dessus de la rivière ; un pas encore, et la terre manquant tout à coup sous le pied, l'on roulerait au fond de la vallée.

Assis tranquillement au bord du précipice, un peintre était là, penché sur sa palette, et reproduisant sur la toile le magnifique tableau qu'il avait sous les yeux.

De cette haute position, la vue s'étendait à droite et à gauche jusqu'à l'horizon. Placés comme au bord d'un superbe bassin, nous voyions la vallée capricieusement s'étendre et se reposer au soleil.

Immédiatement au-dessous de nous, le terrain descendait par brusques soubresauts, parsemé de bouquets de pins d'un vert sombre, à travers lesquels on distinguait de grosses masses grises et mousseuses de rocs, lourdement assis sur le sol. Ainsi s'abaissait, au milieu du calme et de la solitude, ce côteau plein d'ombre, jeté là comme un magnifique jardin anglais.

L'autre versant, au contraire, était inondé de soleil et de vie. Là s'étalaient quelques prairies d'un vert éclatant, où paissaient de superbes bœufs bruns et de blanches brebis ; les peupliers, comme en bataille, s'alignaient le long de la rivière.

Deux ou trois métairies inclinées à mi-côte rappelaient les
chalets suisses dans les montagnes. Un paysan suivant son
attelage de six bœufs, courbé sur la charrue, ouvrait un sillon,
droit devant lui dans la terre noire, et ses *holà !* ses chants
pour animer ses bœufs, de temps en temps arrivaient jusqu'à
nous. Dans un pré, appuyées contre une haie pleine de fruits
rouges et de fleurs d'églantier, deux bergères filaient et chan-
taient. Cette chanson, monotone et lente, remplissait de sa
mélodie sauvage toute la campagne, et, montant au milieu des
herbes et des bois, semblait une voix qui appartenait au paysage,
et dont on ne la pouvait séparer.

Telles étaient les deux rives. Tout au bas de la vallée
serpentait, tranquille et profonde, la Sèvre-Nantaise. Parfois
noire sous les arbres poussés au milieu de ses eaux et penchés
sur elle en épais berceau, elle ressemblait aux chemins du pays
couverts de haies ; on eût dit un chemin qui marchait.

Rien ne manquait à la beauté du paysage. Tout était doré
par une brillante vapeur. Le ciel était d'un bleu mol et tendre.
L'air était calme et pur, le soleil chaud sans blesser.

Face à face avec cette belle campagne, loin du bruit des cités
et de leur atmosphère poudreuse, on eût voulu vivre et rester.

VI

SUR LES LIMITES DE LA VENDÉE ET DE MAINE-ET-LOIRE. — UNE
CHASSE ROYALE A LA MALBOIRE. — ACCIDENT ARRIVÉ A LOUIS XI.
— LE SCULPTEUR MICHEL COLOMBE. — LE CIPPE FUNÉRAIRE DE
TORFOU. — LA FAMEUSE BATAILLE DU 19 SEPTEMBRE 1793. —
UN MODERNE LÉONIDAS.

UNE fois sorti de Mortagne, on suit encore longtemps de
l'œil, les ruines du vieux château dont les murailles grises
décroissent peu à peu et finissent bientôt par se perdre dans
le vague lointain.

Depuis le soulèvement de 1832, le Bocage a été éclairci
de ce côté. Autrefois pourtant cette contrée était couverte de
vastes forêts que peuplaient de redoutables sangliers, et qui
toutes appartenaient à des ordres religieux. Les moines de cette
époque, il faut le dire, étaient pour la plupart des veneurs
émérites, et leurs abbés célèbres par leurs équipages de chasse
et de fauconnerie. Témoin certaine aventure arrivée près de
Mortagne au roi Louis XI et dont le dénouement faillit être
tragique.

En deux mots voici le fait :

Venu en Bas-Poitou pour régler le mariage de Philippe
de Commynes, le roi qui, par-dessus tout, adorait la chasse,
ne perdait pas une occasion de courir le cerf et le sanglier. Un
jour entre autres, il chassait à l'épieu en compagnie des moines
de la riche et célèbre abbaye de Saint-Michel-en-l'Herm, un
sanglier attaqué dans les taillis de la *Maleboire*, non loin de
Mortagne, sur la route de Cholet. L'animal était grand et dan-
gereusement armé ; blessé par le roi, il charge son cheval qu'il
renverse et sur lequel il s'acharne. Engagé sous sa monture,

la situation du monarque était des plus critiques. S'apercevant du danger couru par le roi, le prieur de Saint-Michel, dom Nicolas Séguin, qui était, paraît-il, aussi bon cavalier qu'excellent veneur, met aussitôt pied à terre, et vouant le roi à Saint-Michel, patron de son monastère, il traverse d'un coup d'épieu le sanglier blessé qui s'élançait sur le roi, prêt à le mettre en pièces.

Louis se montra reconnaissant.

En récompense de ce signalé service, il donna à l'abbaye de Saint-Michel-en-l'Herm deux cents marcs d'argent, pour être employés à la fondation d'un anniversaire de l'événement chaque année, et à l'acquisition d'un bas-relief en albâtre, où serait représenté l'archange Saint-Michel à cheval, perçant un sanglier de sa lance, à côté d'un roi de France en prières.

Louis XI ordonna en outre que le collier d'or de l'ordre de Saint-Michel, qu'il portait au cou ce jour-là, fût suspendu au maître-autel de l'abbaye, voulant, disait-il, que ce fut un témoignage de perpétuelle reconnaissance envers le saint patron de l'ordre de chevalerie dont il était le fondateur, pour la visible protection qu'il venait de donner au royaume en son auguste personne.

Lorsqu'au xvi⁰ siècle, pendant les guerres de religion qui troublèrent le pays, les soldats de Rohan-Soubise s'emparèrent de l'abbaye de Saint-Michel-en-l'Herm, ils ravirent ce collier et brisèrent le bas-relief, dû au ciseau du célèbre sculpteur Michel Colombe (1). Laissant derrière nous ce lieu qui faillit devenir célèbre, nous dirigeons nos pas vers un autre dont la renommée déjà a publié le nom, et auquel l'histoire a depuis longtemps payé son tribut. Nous voulons parler de *Torfou*.

La route qui y conduit est des plus pittoresques. Passé Mortagne, en effet, la perspective change à chaque pas. Sur la hauteur, a demi-noyé dans le brouillard, apparaît un vieux

(1) Le même qui sculpta le magnifique tombeau de François II, duc de Bretagne, qui se voit dans un des bas-côtés de la cathédrale de Nantes.

château bruni, hautes cheminées, girouettes au vent : dans la vallée, au coin d'un carrefour, on effleure une croix de pierre où prie agenouillée une paysanne en coiffe blanche : de temps en temps on trouve une maison noircie par la flamme ; les toits sont écroulés, les fenêtres sans vitres, le silence y demeure. Un paysan passe, vous ôte son grand chapeau : vous lui demandez quelle est cette maison en ruines : il vous répond : « C'est la guerre ! »

Au fait, ruines et points de vue, c'est ce que l'on rencontre à chaque pas dans cette poëtique et magnifique partie de la Vendée, le Bocage.

Enfin, au haut d'une montée, on aperçoit tout à coup une blanche colonne dont le front immobile s'élève au-dessus des noirs sapins qui l'environnent. C'est le cippe funéraire de Torfou, placé là pour rappeler aux générations futures le combat sanglant, acharné, que Kléber livra en cet endroit à l'armée vendéenne le 19 septembre 1793.

Mais avançons plus près. En cet endroit quatre grandes routes coupent ce bois sombre : au milieu de ce carrefour, dans une enceinte circulaire, s'élève une colonne de granit.

De nombreux ossements, dit-on, reposent sous son socle. Pas d'inscriptions. Il y en a eu autrefois qui rappelaient au passant le nom des héros que la victoire couronna dans cette sanglante journée : Bonchamps, d'Elbée, Charette, Lescure, Cathelineau, La Rochejaquelein. Mais depuis, les troupes envoyées sous Louis-Philippe pour tenir en bride la Vendée agitée par « *Petit-Pierre* » (1), ont enlevé ces inscriptions. Vengeance inutile et mesquine !

A la vue de ce triste mausolée, l'âme émue ne peut s'empêcher d'évoquer le souvenir de la terrible journée dont ce lieu fut le théâtre.

Assis à l'ombre de ce bois solitaire, l'imagination s'exalte peu

(1) *Petit-Pierre* était le surnom porté par la duchesse de Berry lors du soulèvement de la Vendée en 1832.

à peu et l'on semble assister par la pensée aux différentes péripéties de ce terrible drame — C'est ici, nous disions-nous, que l'intrépide et brillante armée de Mayence se déployait sous ses drapeaux tricolores, tandis que de l'autre côté, du haut de ces rochers, descendaient les files profondes des guerriers vendéens. Marchant au milieu des flammes qui dévorent leurs moissons et leurs chaumières, ils vont, ces paysans en sabots, se mesurer pour la première fois contre des bataillons réguliers, valeureux et bien armés.

Pour l'armée de Mayence, la gloire est tout, le trépas n'est rien. L'armée vendéenne marche au contraire le désespoir dans l'âme : pour elle le jour qui se lève sera marqué d'un deuil éternel ou d'un éclatant triomphe.

De part et d'autres, d'intrépides généraux courent de rang en rang, encourageant et animant leurs soldats. D'un côté c'est Kléber : de l'autre Bonchamps, d'Elbée, de La Rochejaquelein : « Si j'avance, commande ce dernier à ses soldats, suivez-moi ; si je recule, tuez-moi ; si je meurs, vengez-moi ! »

Arrivées en présence l'une de l'autre, les deux armées s'observent un instant en silence — 80,000 hommes sont rangés en bataille. Le moment est solennel.

Soudain le bronze retentit de toutes parts. Les Mayençais chargent avec furie, tandis que leur artillerie fait dans les rangs vendéens de sanglantes trouées. Ceux-ci fléchissent et reculent bientôt devant le flot qui les déborde. Mais tout à coup, dominant le tumulte des armes, la voix de la Rochejacquelin se fait entendre : « *Egaillez-vous les gas* », crie-t-il à ses soldats : Ce commandement est le salut pour l'armée vendéenne. Sitôt dit, sitôt exécuté. Le combat change alors de face. Enfermés tout à coup dans un cercle de feu, luttant contre un ennemi invisible dont ils reçoivent les coups sans pouvoir y répondre, les bleus, malgré des prodiges de valeur, chancellent et plient à leur tour, décimés par les soldats vendéens, dispersés au milieu des genêts, dans les champs et dans les bois. La panique se jette bientôt dans leurs bataillons. En vain l'héroïque Kléber les ramène à la charge. Bientôt la déroute commence, et l'armée de Mayence, vaincue, écrasée, fuit vers Clisson, abandonnant aux vainqueurs ses canons et ses blessés (1).

Ici se place un fait d'arme célèbre.

Poursuivie par les Vendéens, l'armée républicaine est sur le point d'être coupée en deux : le pont de *Boussay* peut seul sauver ses débris : mais il faut y arrêter l'ennemi.

Kléber appelle *Schouardin* : « Vois-tu ce pont, lui dit-il, prends ta compagnie et va t'y faire tuer. » — « J'y cours, général, répond Schouardin. » Il y vole, en effet, s'y fait tuer avec tous ses braves, et par son dévouement qui vaut bien celui de Léonidas chez les Grecs et celui d'Horatius Coclès chez les Romains, sauve ainsi les débris de l'armée. (2)

Honneur à la mémoire de cet obscur héros !

Lorsque les guerres de Vendée furent terminées, grâce aux *colonnes infernales* de l'implacable Turreau, un seul de ces Mayençais pouvait dire ce qu'il avait vu, la guerre qu'il avait faite, c'est Kléber. Les autres dormaient couchés dans les

(1) « Trois ou quatre jours avant la bataille de Torfou, raconte dans ses *Mémoires* la marquise de La Rochejaquelein, il vint au château de la Boulaye une députation de l'armée de Mayence, composée d'un officier et de deux sous-officiers déguisés en paysans.

» Ils offrirent de passer aux royalistes ; mais ils demandèrent une haute-paye de trente sols par jour pour les soldats, et en outre une somme très forte pour les officiers. Cette somme était d'un à deux millions. Comme les chefs vendéens n'avaient pas d'argent comptant, ils firent des offres très fortes pour l'avenir, mais les Mayençais voulaient de l'effectif et ne purent se déterminer à rien conclure.

» On les regretta peu.

» Quelle confiance peuvent inspirer des gens qui se marchandent ainsi ! Une somme plus forte les aurait fait trahir les Vendéens à leur tour, ce qui les eût perdus entièrement. Les renseignements qu'ils donnèrent sur la force de leur armée et sur sa position, qu'ils vantèrent beaucoup, servirent infiniment au succès de la bataille de Torfou. » Louis Blanc, dans son *Histoire de la Révolution Française*, a également cité ce fait sans le contester.

(2) Enivrés par cette victoire, les soldats vendéens disaient dans la suite en parlant de l'armée de Kléber : « Ah baste ! ça ne vaut rien cette armée de *faïence*, ça ne tient pas au feu. »

halliers parmi les genêts odorants, cadavres sans sépulture, ossements blanchis par l'eau du ciel. Oui ce fut une guerre fratricide, mais ce fut aussi, comme le dit plus tard un grand capitaine, une *guerre de géants* : héroïsme de part et d'autre. Et voilà pourquoi on pardonne à ces frères qui s'entre-tuent ; voilà le secret de notre admiration. Aussi le général Foy a-t-il pu dire avec vérité de la guerre de Vendée, « *qu'elle a revêtu d'une splendeur incomparable quelques pages de notre histoire et que nulle part ailleurs on n'a vu tant de noble vaillance et une pareille unanimité de dévouement.* »

Cippe funéraire de Torfou.

VII

TIFFAUGES. — SES ORIGINES — BARBE-BLEUE — PRELATI — LES RUINES DU DONJON — VISITE A LA PAPETERIE GIRARD.

Après avoir donné un dernier souvenir à ces ombres généreuses, et salué avec respect ces victimes de la liberté, nous reprenons notre route vers *Tiffauges*, un des points les plus curieux à visiter, sans contredit, de tout le Bocage vendéen.

La route, par une pente rapide, descend vers la vallée de la Sèvre que nous apercevons bientôt, comme à Mortagne, toute parsemée de gros rochers, entre lesquels l'eau vient se briser en écumant. Près de son bord une papeterie dont la machine lance une fumée noire en haletant : en face, un côteau âpre, portant à son sommet le vieux château démantelé : tel est le paysage aux abords de Tiffauges.

La Sèvre franchie, on monte la route ; à gauche est la ville, à droite le château.

La ville, les érudits veulent qu'elle ait été fondée jadis par des *Scythes Teifales*, barbares à la solde de l'empire romain. Ces derniers, au dire d'Ammien Marcellin, étaient d'une force herculéenne : ils mesuraient sept pieds. Etablis là en colonie sous le régne d'Honorius, ils y subsistaient encore à la fin du xie siècle, où, suivant Grégoire de Tours, ils vivaient, sans être confondus avec les autres habitants.

Prise par Conan Mériadec, premier roi Breton, puis saccagé plus tard par les Normands lors de leur descente dans l'île de Bouin, Tiffauges, après être passé sous la domination des vicomtes de Thouars, finit par tomber en la possession des seigneurs de Laval dont descendait le fameux *Gilles de Retz*, plus connu sous le nom de *Barbe-Bleue*.

Né à Machecoul en 1404, ce dernier fut un des plus terribles paladins de l'armée de Charles VII. En 1429, il se distingua au siège d'Orléans par son courage : singulier rapprochement que celui de Barbe-Bleue combattant sous les ordres et à côté de la douce Jeanne d'Arc !

Ayant été à la peine, Gilles de Retz fut aussi aux honneurs. Il assista au sacre de Charles VII à Reims.

Cruel et sanguinaire, froidement barbare, savant pour son époque, Gilles de Retz est certainement l'une des figures les plus en relief du moyen-âge. Adonné à l'alchimie, cherchant par les systèmes les plus divers la pierre philosophale qui devait lui fournir le moyen de convertir tous les métaux en or, et lui procurer même l'immortalité, il faisait tour à tour appel aux invocations cabalistiques et aux sacrifices humains, accordant toute sa confiance et toutes ses richesses au magicien italien *Prelati*, qui s'enfuit après avoir volé celui qu'il avait poussé à l'accomplissement des plus odieux attentats.

Poursuivi par la vengeance des parents de ses femmes, ce Procuste d'un autre âge, fut arrêté dans son château de Machecoul au milieu d'une orgie. Amené à Nantes, il fut condamné à être pendu haut et court et brûlé ensuite sur le square actuel de l'Hôtel-Dieu (1). L'année 1440 vit cette grande expiation. Les bonnes âmes de Tiffauges, taillables et corvéables à merci, durent librement respirer ce jour-là !

Ce qui reste de son château, montre quelle on dût être la splendeur et surtout l'horreur. Ces ruines sont un témoignage terrible contre cet homme. Elles déposent contre lui. Sa pensée y vit : son ombre l'habite.

Quelles masses de pierres ! Ces ruines sont tout un monde. Que de corvées n'a-t-il pas fallu pour que les pauvres mécréants

---

(1) Suivant l'usage du temps, les pères et les mères de famille qui avaient entendu les dernières paroles de Gilles de Retz, jeûnèrent trois jours, pour lui mériter la miséricorde divine, et infligèrent à leurs enfants la peine du fouet, afin de graver dans leur mémoire le souvenir du châtiment qui allait frapper un grand criminel.

de Tiffauges bâtissent ce château qui, sur un geste du maître, devenait leur Bastille !

Aujourd'hui ces ruines appartiennent à M. le marquis de la Bretesche, le même auquel on doit l'érection du cippe funéraire de Torfou.

Située sur une hauteur, au confluent de la *Crûme* et de la *Sèvre*, cette forteresse devait être imprenable. Et de fait elle ne fût jamais prise, si ce n'est par ruse.

La porte d'entrée conserve encore ses machicoulis et ses créneaux : de larges fentes marquent aujourd'hui la place de la herse absente. On franchit le fossé où s'abattait jadis le pont-levis et qu'aujourd'hui des terres éboulées remplissent en partie. Ici un pan de murailles où poussent des racines vigoureuses, là une tour carrée fortement assise dans un fossé rempli d'une eau verdâtre où battent de l'aile des canards qui s'enfuient en caquetant ; des salles livrées à tous les vents, des portes qui ne s'ouvrent sur rien, des escaliers qui ne mènent nulle part, partout des décombres, et, autour de soi, la longue enceinte qui se prolonge et se rattache à une grosse tour ronde qui forme le coin et surveille la campagne.

Tout porte à croire que la tour carrée qui se voit en entrant devait être l'habitation du seigneur. On y accédait par un second pont-levis. De ce donjon incendié pendant les guerres de religion, lors de la prise de Tiffauges par les protestants, il ne reste guère plus aujourd'hui que les murs.

Du salon, où l'on descend avec peine tout en s'aidant des racines d'arbres qui se trouvent sous la main, la vue est d'une imposante majesté. Il y a là une jolie fenêtre renaissance. Elle donne sur cette vallée profonde et spacieuse qu'arrose la Sèvre. Le coup d'œil fait rêver. Qui sait ? N'est-ce point de cette croisée que les châtelaines prisonnières suivaient du regard les hirondelles, ces joyeuses fugitives ? N'est-ce point de cette embrasure que Sœur-Anne, en pleurs, échevelée, répondait à la malheureuse qui allait mourir : « *Je ne vois que la route qui poudroie, que l'herbe qui verdoie !* »

Non loin de là, se trouvait la chapelle du château, construite elle-même sur une ancienne chapelle souterraine, découverte ces dernières années, et avec laquelle elle communiquait par un escalier. C'est dans cette crypte que Prélati, dit-on, faisait ses barbares sacrifices à Satan. — Une arcade de la chapelle supérieure est restée seule debout. Sous son cintre en ogive tapissé de lierre elle encadre un des plus délicieux tableaux qu'un peintre puisse rêver.

A part de vastes caves entièrement creusées dans le roc, il existe entre autres détails intéressants, une magnifique tour à machicoulis d'une conservation parfaite et dont nous avons déjà dit un mot. On l'appelle *tour du Vidame*.

En y entrant, l'on se trouve dans une grande salle voûtée encore assez bien conservée. Si l'on descend l'escalier tournant que l'on rencontre à gauche de la porte, on arrive dans une pièce située sous la précédente et à peu près identique.

Cette seconde salle, que l'on dit avoir été la cuisine, est souterraine du côté de la cour, mais de l'autre côté, elle se trouve encore à plus de soixante pieds au-dessus de la Crûme qui se brise dans un précipice au pied de la tour. A deux mètres, en face de la cheminée de cette chambre, il existe une ouverture carrée à fleur de terre : on pense généralement que c'était un cachot humide et ténébreux où, par une corde passée sous les aisselles, on descendait le malheureux qui allait mourir, mourir sans pouvoir se faire entendre, sans pouvoir insulter une dernière fois son bourreau ; là, seul, enterré vif avec le pain et la « cruche d'angoisse ! »

Il est probable que ce prétendu cachot n'était tout simplement, vu sa position, qu'un magasin de vivres toujours prêt à parer aux éventualités d'un siège.

Mais, remontons l'escalier tournant. Avant d'arriver sur la plate-forme de la tour, règne le long des créneaux un magnifique chemin de ronde, voûté, demi-circulaire. Un banc de granit en occupe la moitié : l'autre est percée à jour en forme de meurtrières. Les soldats devaient y combattre assis. C'est par là qu'ils lançaient sur les assaillants des pierres, des quartiers de rocs, de la poix bouillante. Les arquebuses et les couleuvrines n'y allongent plus aujourd'hui leurs cous menaçants.

Le jour ne pénètre que par ces meurtrières, et pour parcourir ce corridor on est obligé de poser le pied sur les pierres étroites qui les séparent, en sorte que lorsqu'on y marche, et que l'œil plonge entre ces pierres, dans le précipice au-dessus duquel elles semblent suspendues, on se sent saisi d'effroi : on se trouve élevé à plus de quatre-vingts pieds au-dessus de l'abime.

Ce chemin de ronde aérien possède une remarquable sonorité. Un mot prononcé à voix basse à l'une de ses deux extrémités, s'entend très clairement à l'autre. Ah ! sans doute ici quelque jeune page, frais et blond damoiseau, dût se risquer à ouvrir son cœur à la châtelaine, sans se douter, — l'imprudent — que le bruit de sa voix, le murmure de son baiser, suivant le corridor perfide et arrivant à l'oreille du maître, étaient son arrêt de mort.

Au bout de ce couloir une poterne conduit sur la plate-forme, et là, au milieu d'une perspective immense, la vue embrasse toute l'étendue des ruines, et la grandeur majestueuse du paysage.

Ces deux fleuves qui bouillonnent à vos pieds, ces rochers épars, ces îlots couverts de verdure et de fleurs, ces fabriques qui se montrent au milieu des arbres, ces côteaux verdoyants qui des deux côtés montent en amphithéâtre jusque dans la nue, tout cela forme un tableau à la fois féerique et grandiose !

Avant de quitter ces ruines on nous mena visiter le moulin fortifié dont les vestiges se voient encore au pied de la tour, dans le lit de la Crûme. D'après ce qu'il en reste, il est permis de supposer qu'il devait être considérable. Il devait l'être, en effet, car ce château était tout un monde. Des sept forteresses que possédait Gilles de Retz, Tiffauges était sa plus vaste en même temps que sa plus redoutable.

Là, du reste, se trouvait tout ce qui compose une société : chapelle, salles d'honneur, oratoires, corps de garde, arsenal, prison, oubliettes. Le chapelain et le fou, le héraut, les hommes d'armes, les valets, le bourreau, les chevaux et les chiens, rien n'y manquait.

Mais depuis, le temps a accompli son œuvre, et de ce puissant manoir, il ne reste aujourd'hui plus que des ruines. Le silence seul les habite : nul bruit ne résonne plus dans ces grandes salles ouvertes à tous les vents, si ce n'est le bruit des corbeaux qui se lèvent en bandes noires à l'approche du passant : sous ces voûtes sombres où le jour pénètre à peine, ne retentissent plus les joyeux virelais des troubadours. Chaque pierre s'en détache peu à peu, et roule dans les fossés pour n'être plus relevée. *Etiam periere ruinæ !*

Vue des ruines du château de Tiffauges.

Avant de quitter cette délicieuse vallée de la Sèvre, il nous restait encore à visiter les fabriques de papier de MM. Girard.

Bien qu'il fît presque nuit, nous y entrâmes en descendant du château. Après avoir traversé de longues salles en marchant sur un pavé humide, tournant les chaudières, passant entre les pistons, effleurant les machines, jetant de côté et d'autre un coup d'œil aux cuves pleines de pâte granulée, on nous mena voir une autre fabrique non moins intéressante et appartenant aux mêmes propriétaires.

Cette fabrique, que nous visitâmes à la lumière électrique, a comme spécialité de préparer de la pâte de bois. Il en existe très peu en France. Rien n'est plus curieux que cette transformation presque magique d'un morceau de sapin informe en une belle pâte blanche qui, expédiée à Paris sous forme de plaques, servira plus tard à l'impression du *Petit Journal,* du *Figaro* ou du *Matin*.

Ce papier, que l'on fabrique à Tiffauges, est livré au commerce sous le titre pompeux de *papier fin satiné des Vosges*, comme si ce nom étranger lui donnait une qualité supérieure.

Indépendamment de ses fabriques et de son château, Tiffauges possède une église toute nouvelle et d'un fort joli style. La chaire notamment, tout en marbre blanc sculpté, constitue un beau morceau d'architecture. Elle vaut la peine d'être vue. Le prêche y doit être facile !

Un détail pour finir : la Sèvre coupe la ville en deux parties et en donne une moitié aux deux départements du Maine-et-Loire et de la Vendée. Là vous êtes chez les Angevins ; ici chez les Poitevins.

VIII

EN ROUTE POUR LES HERBIERS. — LA GAUBRETIÈRE. — UNE TOUCHANTE COUTUME. — L'ANTIQUE MANOIR DES SOURDIS. — LA COLONNE DE SAPINAUD — RAMBERGE.

L E lendemain, de bonne heure, nous quittons ces bords fleuris de la Sèvre, pour rentrer de nouveau au cœur même du Bocage.

Laissant sur notre droite les restes du vieux château de la *Pénissière* qui rappelle un des plus glorieux faits d'armes de l'histoire, nous prenons la route qui mène aux *Herbiers*. Là nous allons retrouver les grands bois. Coteaux et vallées sont bientôt effacés par les champs de genêts ; les fermes et les châteaux cachés dans le feuillage se distinguent à peine ; les routes bordées de hautes haies courent à travers le pays comme de longs serpents. Çà et là on entrevoit pointer quelque clocher à travers les arbres ; le terrain ondule en grandes masses flottantes qui frémissent et se courbent comme des vagues quand le vent passe ; tout est feuille, tout est vert ; jusqu'à l'horizon on n'a que le ciel et les bois ; il semble qu'on pourrait voler sur cet Océan de verdure.

Après une heure de marche environ pendant laquelle on distingue de loin, au milieu des arbres, Chavagnes et Montaigu, on aperçoit dans un fond la *Gaubretière*.

Avant d'y arriver notre attention est attirée par une multitude de petites croix de bois, plantées à la *croisée* de deux routes, dans le talus qui borde le chemin. Souvent déjà, pendant notre excursion dans cette partie de la Vendée, il nous avait été donné d'en remarquer de semblables, tantôt au coin d'un carrefour, tantôt au pied d'un chêne dans le tronc duquel se trouvait placée une madone, objet de la vénération populaire, et devant laquelle les jeunes filles du pays ne manquaient jamais de se signer en passant. Mais jamais nous n'en avions tant rencontrées qu'en cet endroit !

Ces croix, plantées pêle-mêle, au hasard, évoquent le souvenir d'une vieille tradition vendéenne. Chacune d'elles, en effet, indique par sa présence que le convoi funèbre d'un pauvre paysan est passé par là, et que sa dépouille mortelle a séjourné en ce lieu.

Il n'est pas rare pour le voyageur qui parcourt cette contrée, de rencontrer de par les chemins, le convoi funèbre de quelque villageois se rendant à l'église voisine. Rien n'est empreint d'une poésie à la fois plus mélancolique et plus touchante que cette longue promenade mortuaire au chant des oiseaux qui gazouillent à l'envi et se jouent dans les haies qui bordent le chemin. Parfois l'église est éloignée ; la route longue et pénible. La fatigue vient-elle à contraindre les porteurs à se reposer un instant ? ils s'arrêtent à une *croisée*, c'est-à-dire à l'endroit où deux routes se coupent en croix. Là, ils posent le corps à terre, puis chacun des parents ou amis du défunt s'asseyant sur les tertres verdoyants qui montent jusqu'au pied des haies, prie, la tête baissée, dans le plus profond recueillement, tandis que le cercueil reste déposé sous les dômes de verdure qui ombragent le chemin comme un riant catafalque.

Après s'être ainsi délassée un moment, la troupe éplorée reprend sa marche silencieuse, pendant que le plus proche parent du défunt plante au pied d'un des arbres une petite croix de quatre pouces de haut, en mémoire de celui qui s'est reposé en cet endroit solitaire, et pour demander au voyageur qui passera par là, une prière en faveur de l'âme du trépassé.

Touchant usage ! Cette croix, toute fragile qu'elle est, restera ainsi pendant bien des années, et chaque fois qu'un parent ou un ami du défunt viendra à traverser ces lieux, elle lui rappellera celui qu'il aima et qui n'est plus (1).

Parfois lorsque la maison du défunt est à une trop grande distance de l'église, on place ses restes inanimés sur une charrette, et alors ses bœufs, naguère compagnons chéris de ses travaux rustiques, le traînent lentement vers son *asile suprême*, l'y aidant à faire ainsi son *dernier* pélerinage sur la terre.

Le Vendéen professe au plus haut point le culte des morts. Il aime à posséder les siens près de lui pour les aller visiter souvent, et c'est avec un soin religieux qu'il entretient leurs tombes. Aussi n'est-il pas rare, à l'entrée ou à la sortie d'un village, de longer un mur bas au-dessus duquel on voit monter dans l'herbe touffue, les blanches croix d'un cimetière. La rustique simplicité de ces champs de repos a quelque chose de grand et de mélancolique qui porte l'âme à la rêverie et la rappelle à tous ses souvenirs. Ces vers du poète se présentent alors à la mémoire et on se les répète tout bas :

> Vous qui reposez là, dans la fosse profonde,
> Humbles morts — travailleurs obscurs — gens ignorés,
> Qui n'aviez dans les yeux, en traversant ce monde,
> Que les contours précis de vos champs labourés ;
>
> Vous qui ne connaissiez tout le long de la vie
> Que le soin de vivre, et, pour seul horizon
> Voyiez la côte raide et pesamment gravie
> Chaque soir, pour rentrer en votre humble maison ;

(1) En général plus ces croix sont grandes, plus la personne est considérée : les arracher est une insigne profanation. Cet usage vient des Celtes qui en passant devant un tombeau y jetaient une pierre comme une sorte d'hommage.

Les paysans d'Ecosse avaient coutume de terminer leurs suppliques à leurs supérieurs, par ces mots :

« Et le suppliant si tu l'exauces, ajoutera une pierre à ton *Cairn*, c'est-à-dire à ton tumulus, à ton mausolée, à ton tombeau. »

Oh ! comme vous devez sommeiller plus tranquilles
Que tous les morts fameux de notre grand Paris,
Paysans, au pays, loin du fracas des villes,
Fils du sol, en ce sol qui vous a tous nourris !

Si les ans s'écoulant, hélas ! on vous oublie,
Si nul ne vient orner vos tombeaux délaissés,
....
....

Du moins vous sentez-vous en terre franche et bonne
Près des cyprès poudreux et des frêles roseaux
Où jadis tout gamin, par les matins d'automne,
Vous lanciez, en jouant, des pierres aux oiseaux ! (1)

Mais quittons ces lugubres pensées pour porter nos yeux vers d'autres sites moins sévères.

Dès les premiers pas dans la Gaubretière, nos regards sont attirés par l'antique manoir des *Sourdis d'Escoubleau* qui noyé dans le sombre velours des massifs de pins qui l'encadrent, reflète ses tourelles à poivrières dans les eaux limpides d'un magnifique étang. Ce nom évoque aussitôt dans notre esprit le souvenir du fameux évêque de Maillezais, devenu plus tard archevêque de Bordeaux et dont Richelieu fit par la suite un amiral auquel il confia le commandement de la flotte chargée de protéger la Rochelle assiégée contre les surprises des Anglais.

De la Gaubretière même, nous dirons peu de choses.

C'est un gros bourg qui possède une belle église gothique et une assez jolie fontaine surmontée d'une colonne ornée de feuilles d'acanthes. On y lit cette inscription :

A LA MÉMOIRE

DU LIEUTENANT-GÉNÉRAL

DE SAPINAUD

MORT LE 10 AOUT 1829

(1) Jacques Normand.

La Gaubretière est en effet le pays natal du fameux chef vendéen.

Une fois sorti du bourg, il faut traverser toute une suite de petits enclos d'un vert foncé, de carrés de trèfle et de luzerne, de riantes prairies sillonnées de ruisseaux jaseurs, aux gazouillements des pinsons plus jaseurs encore, aux fanfares éclatantes du rossignol qui chante ses amours.

Heureuse campagne ! Heureuses gens !

Que le paysan qui cultive ces champs où Pomone et Cérès versent à pleines mains leurs dons, reflète bien l'aspect de son pays ! Telle terre, tel homme.

Le *Boquin*, en effet, est simple, peu parleur et par dessus tout attaché à son sol. L'histoire, du reste, l'a suffisamment prouvé. Plus facilement vous en déracineriez les chênes. C'est le trait caractéristique des races fortes : le Breton, l'Auvergnat, non plus, n'oublient jamais leur Bretagne ou leur Auvergne.

— « *Sommes-nous dans le bon chemin, mon ami ?*

— » *Inan, môssieu* ».

Et le voilà qui, si vous lui donnez des nouvelles de ces *câlins* de Parisiens (pour lesquels il a une antipathie instinctive), va faire avec vous, vous écoutant à demi, un quart de lieue pour vous remettre dans la bonne voie.

— *Prenez cette virée, et vous crèverez au bout.*

— *Merci, mon brave, nous suivrons la route mais pas le conseil.*

Ce coquet petit château, construit en briques, qui se laisse entrevoir sur le côté de la route, caché dans un nid de verdure, derrière d'épais rideaux de pins odorants, c'est *Ramberge.* Une riante pièce d'eau au milieu d'une verte pelouse y miroite entre la route et le château.

Jusqu'aux Herbiers, maintenant, l'on n'a plus qu'à respirer l'air embaumé, qu'à écouter le concert d'amour qui s'élève, joyeux et frétillant de tous les bosquets.

IX

LES HERBIERS. — DEUX MOTS D'HISTOIRE. — HÉROÏSME
DU CAPITAINE LOMMEAU

Un gai carillon de cloches sonnant à toute volée, nous apprend bientôt que nous approchons des Herbiers ; un nouveau citoyen vient d'y faire son entrée dans le monde.

Bâtie assez régulièrement, cette petite ville semble annoncer un endroit commerçant. Centre et principale ville du Bocage, elle en est de beaucoup la plus intéressante. Dès les temps les plus reculés, elle dût avoir une certaine importance, car dès l'an 1110, elle figurait déjà au nombre des places fortes entourées de murailles.

La réforme de Calvin y eût là un de ses foyers les plus ardents. Le ville fut même attaquée par les ligueurs, ayant à leur tête le duc de Mercœur.

Défendue par une centaine de braves commandés par un vaillant capitaine du nom de *Lommeau*, la place ne put résister longtemps, faute de combattants.

D'autre part, comptant peu sur les vieilles fortifications qui tombaient en ruines, ces derniers s'échappèrent de la ville à la faveur de la nuit, et se réfugièrent dans la forêt du Parc-Soubise, laissant Mercœur assiéger une ville sans garnison et sans habitants.

C'est après les guerres de religion, sous le ministère de Richelieu, que se place l'époque à laquelle les fortifications

des Herbiers furent détruites, ce ministre voulant ôter toute
retraite aux sectateurs de Calvin (1).

Le nom des Herbiers ne reparaît plus ensuite dans les annales
de l'histoire, jusqu'aux jours désastreux de 1793 dont tant
de voix éloquentes ont déjà consacré les immortels souvenirs.

C'est là que d'Elbée fut élu généralissime de l'armée
vendéenne. Incendiée par les Bleus quelque temps après, elle
s'est vite relevée de ses ruines, et les belles constructions que
l'on y peut admirer aujourd'hui, en font une des plus jolies
petites villes du Bocage.

Le mont et la chapelle des Alouettes. — Panorama du Bocage

A deux kilomètres environ des Herbiers, s'élève le *Mont des
Alouettes*, un des points culminants de la Vendée. Là encore,
comme au Bois de la Folie, comme à Saint-Michel-Mont-Mercure,
une vue immense vous y attend.

Si jusque-là mon imagination est restée impuissante à décrire
d'autres horizons, ici je devrais me taire, car rien de ce que
nous avons vu n'égale l'immensité de la perspective qui se
déroule devant les yeux.

Le Mont des Alouettes a, dit-on, *276* mètres d'élévation
au-dessus du niveau de la mer. On y arrive par une route
tortueuse qui côtoie en serpentant le flanc de la montagne pour
adoucir la pente de la base au sommet. De Mortagne aux
Herbiers, au contraire, la route monte presque constamment,
par côtes rudes et difficiles. On sent que l'on s'élève comme
par d'immenses degrés vers un point très élevé. Peu à peu, les
bois deviennent plus rares, les rochers disparaissent, enfouis
à moitié dans le sol. On ne rencontre bientôt plus que quelques
genêts épars : on croirait entrer dans une nouvelle atmosphère.

A mesure que l'on approche, l'air vif saisit et ranime.
Le bruit du Bocage a cessé : l'on n'entend plus que le chant

(1) Un magnifique puits à colonnades, appartenant à M. Billon, est un
des rares vestiges de cette époque. On y lit encore la date de 1572.

de l'alouette qui se joue au milieu des blés. De là, sans doute, le nom que l'on a donné à cette dernière colline, la plus haute de toutes : on l'appelle le *Mont des Alouettes.*

On a monté sans se retourner, et essoufflé, parvenu sur la cîme, l'on s'arrête.

Tout à l'entour, le sol est aride et désert. A droite, et placés là comme en sentinelle, on remarque sept moulins, qui tournant dans les nuages leurs ailes voilées d'une toile blanche, interrompent seuls par leur mouvement silencieux, la solitude de ces montagnes (1) ; à gauche, se voit une chapelle gothique, élégante et sévère à la fois. Une simple grille la ferme.

Construite en l'honneur de la duchesse de Berry, lors de son passage en Vendée, en 1823, cette chapelle n'a pas été achevée, mais ouverte à tous les vents elle a un plus grand aspect peut-être ; elle porte déjà le caractère du temps (2).

Son érection fut un grand événement.

Le jour où fut posée la première pierre (3), arrivèrent à ce mont consacré, de tous les points de l'horizon, les paroisses environnantes, en procession, bannières déployées, ainsi que tous les hommes des anciens combats avec leurs armes. Les peuples de la Vendée se trouvèrent là, assemblés comme au temps de la grande guerre, et quand après la prière ils se

(1) Ces moulins sont encore célèbres dans le souvenir des paysans par les signaux qu'ils firent passer, pendant la *Grande guerre,* aux divisions royalistes, tenant la campagne, par la disposition de leurs ailes, disposition qui avait son langage.

(2) Autrefois, devant chacun des deux piliers de la porte, étaient deux statues : l'une, représentant un guerrier du XIIe siècle, le casque en tête et la chlamyde fleurdelysée par dessus son armure ; l'autre, la *Vendée,* vêtue en amazone, la visière baissée, et s'appuyant d'une main sur une lame, de l'autre sur un bouclier.

Ces deux statues étaient de grandeur naturelle.

(3) Ce fut la duchesse d'Angoulême elle-même qui posa la première pierre. Ce jour-là, dit-on, 30,000 paysans armés se présentèrent pour lui servir d'escorte. On raconte qu'ayant fait observer à l'un d'eux que son fusil était noir de rouille, elle en reçut cette sublime réponse : « Que les chiens noirs mordaient aussi bien que les chiens blancs ».

relevèrent, et qu'un cri puissant, unanime de « *vive le Roi !* »
sortit de toutes ces poitrines et courut comme un vent ardent
sur la foule enthousiaste, ils semblèrent prêts encore à
descendre de tous côtés dans la plaine, et comme autrefois
à aller combattre les Mayençais pour la cause de leur Dieu et de
leur Roi.

Du pied de cette chapelle, un horizon immense au loin se
développe. Les champs, les prés et les bois se succèdent en
carrés inégaux, en teintes diverses. Les métairies, les bourgs
et les villes s'éparpillent de droite et de gauche, ramassés
et concentrant leurs maisons en un point. Les rivières, comme
de minces filets, brillent par échappées et disparaissent.

Quelle foule de souvenirs se présentent à l'imagination
quand on voit tout d'un coup s'étendre devant soi, jusque dans
la profondeur de la perspective, cette immense étendue de
pays ! La voilà donc, cette terre fameuse par tant de beaux faits
d'armes ! D'ici, l'œil embrasse à la fois vingt champs de bataille :
Torfou, Mortagne, Saint-Fulgent, les Quatre-Chemins, le
Pont-Charrault, Chantonnay, toutes ces villes, au nom guerrier,
se distinguent à peine au milieu de cette riche végétation qui
les entoure. Les Herbiers (la ville de l'Herbe), semble au pied
de la montagne cachée et blottie dans un bouquet de feuillage.

Plus loin, tout fuit, tout s'éloigne et s'abaisse ; les lignes se
perdent, les contours se fondent. Et quand l'œil a parcouru
de proche en proche et de lointain en lointain, cette surface
immense comme la mer et variée comme la terre, on cherche
à distinguer encore quelques points noirs saillants à l'horizon.

Là-bas, à droite, voici les tours de Saint-Pierre de Nantes
et le lac de Grand-Lieu, où le soleil à son déclin, semble
vouloir s'engloutir ; à gauche, la cathédrale de Fontenay et la
flèche aiguë de Luçon. De l'un à l'autre côté, la vue embrasse
quarante lieues de pays ; on domine cette nappe de terrain qui
fuit et s'étend dans la vapeur, et l'on se demande encore quelle
est cette ligne mince qui, au fond, s'allonge et se détache d'un
bleu d'azur... C'est la mer, la mer qui semble immobile,

la mer immense, infinie, dont la présence se révèle la nuit,
au voyageur attardé en ces lieux, par les phares qui la bordent
et brillent comme un éclair dans le lointain obscur.

Assis sur ces hauteurs aériennes, le poëte invoque la Muse.
Nouveau barde, il accorde sa lyre, et la vue de l'immensité
animant son génie, il chante alors dans la langue des dieux :

> La prière du cœur s'élève ardente et pure,
> Sur les âpres sommets par l'homme inhabités,
> Lorsque l'on voit d'en haut, noyés dans la verdure,
> Blanchir à l'horizon, villages et cités.
>
> L'air des hauts lieux est plein de poésie austère,
> On dirait qu'inspiré des désirs des élus
> L'homme y vient déposer les instincts de la terre
> Qu'il a compris jadis et qu'il ne comprend plus.
>
> C'est surtout sur ta cime, ô Mont des Alouettes,
> Que le cœur est saisi de mystiques élans :
> Mais pour parler, d'abord les lèvres sont muettes ;
> Pour avancer plus haut, les genoux sont tremblants.
>
> Car la terre qu'on foule est illustre et sacrée :
> Des fils des vieux croisés le sang pur y coula :
> C'est là que pour drapeau la croix fut arborée :
> Terre illustre à jamais, car tout s'est passé là !
>
> Vieux pâtre qui le soir t'assieds sur ces bruyères,
> Ne vois-tu point parfois s'agiter ces sillons,
> Et sous les trois couleurs et les blanches bannières,
> Des *Brigands* et des *Bleus* lutter les bataillons ?
>
> Là, c'est un général aux manières rustiques,
> Qui pauvre, et fils du peuple, aux preux a commandé ;
> Ici c'est un enfant de races héroïques,
> Rappelant à vingt ans Alexandre et Condé.
>
> Plus loin c'est un vieux prêtre à la tête blanchie
> Qui, bouclier divin, passe à travers les rangs :
> Qui témoin de la croix et de la Monarchie,
> Combat avec les forts et bénit les mourants.

Pour célébrer ta lutte et ton deuil, ô Vendée,
De ta guerre immortelle, auguste souvenir,
Une église naguère en ces lieux fut fondée,
Pour enseigner ta gloire aux peuples à venir.

Mais la chapelle est vide et veuve de prières,
Et Dieu n'habite pas son autel de granit,
La bise aux cris aigus pleure à travers les pierres,
Et l'oiseau seul y chante en y faisant son nid (1)

(1) Alfred Giraud.

X

LA GRAINETIÈRE. — LE CHATEAU DE L'ÉTENDUÈRE. — LES CHAUFFEURS. — LES RESTES D'UNE ABBAYE. — L'ABBÉ PRÉVOST ET MANON LESCAUT.

Non loin des Herbiers, sur le bord d'une belle et vaste forêt, se dressent les ruines d'une des plus vieilles abbayes de la contrée : la *Grainetière* est son nom.

Des ruines ! toujours des ruines !

Et de fait, dans tous les tableaux qu'offrent à l'œil les paysages si délicieusement pittoresques du Bocage vendéen, à côté de la splendeur peu commune des sites qui force l'admiration du touriste, il y a toujours cette inévitable note sombre.

Et pourtant, les ruines ont leurs charmes, leur poésie. Elles vous plaisent plus que le plus merveilleux château. L'hiver, « saison de mort », a incomparablement plus d'attraits que le printemps le plus éclatant. Rien n'est beau et mélancolique comme une belle soirée d'automne, quand les fleurs jaunies tourbillonnent dans l'air et pleuvent doucement sur cette terre où elles vont rentrer, après en être sorties aux jours radieux du renouveau.

Et voilà pourquoi nous courons aux ruines !

A peine sortis des Herbiers, nous apercevons sur notre gauche, cachées derrière d'épais buissons, celles d'un vieux château délabré, dont les fenêtres béantes et les pignons démantelés, se mirent tristement dans les douves qui l'entourent. Ce sont les ruines du château de l'*Etenduère*.

On y accède par une magnifique allée d'ormeaux plusieurs fois séculaires. Des poutres à demi calcinées, des barres de fer tordues par la flamme, des escaliers chancelants et recouverts de mousse, des pans de murs écroulés, des salles immenses ouvertes à tous les vents, témoignent encore aujourd'hui, malgré leur délabrement, de la richesse et de la puissance de cet antique manoir, sur les débris duquel le lierre, — ce linceul accoutumé des morts de la nature, — traîne partout en mouvantes draperies ses rameaux verdoyants.

Nous saluons au passage ces vestiges encore presque fumants, et en trois coups de pédale, nous arrivons en vue de la *Grainetière.*

Ces ruines, presque entièrement perdues au fond des bois et quasi inabordables, sont récentes ; mais le monument dont elles sont les débris fut élevé il y a plus de neuf cents ans (1).

De superbes colonnades, surmontées de chapiteaux magnifiquement sculptés, de vieilles cheminées ainsi qu'un grand nombre de statues, provenant de cet antique monastère, ont été dispersés à tous les vents et leurs restes se retrouvent encore épars çà et là dans les bourgs environnants. Ces tristes vestiges des discordes civiles, qu'une main vandale a sapés sans vergogne, ont été jadis vendus à l'encan par l'acquéreur de ce bien national, qui voulait, paraît-il, se venger par là des souffrances atroces qu'en 1815 les *chauffeurs*, de triste mémoire, avaient fait endurer à son père.

Encore quelques années, et de cette antique abbaye, il ne restera bientôt plus que le souvenir.

De la nef de l'église et de ses murs latéraux, il ne subsiste aujourd'hui presque plus rien. A peine y découvre-t-on quelques fresques en partie recouvertes de chaux vive. En 1829, on pouvait encore voir la tour octogonale du clocher romain, qui s'élevait gracieusement au-dessus des bois d'alentour.

Au milieu des débris qui gisent pêle-mêle, on remarque

---

(1) A l'instar de beaucoup de monastères et d'églises, c'est, paraît-il, à la terreur inspirée par l'approche de l'an mille que la Grainetière dût sa fondation... *Timor fecit,* aurait dit le vieux Lucréce.

une pierre tombale finement ciselée, exposée là aux intempéries des saisons. On y voit l'image d'un chevalier tout armé, couvert d'une cotte de mailles et d'un bouclier ; à sa droite, est couché un enfant. Cette pierre recouvrait, paraît-il, le tombeau d'un sire de Parthenay, propriétaire du Parc-Soubise, qui démembra une partie de son domaine pour en doter l'abbaye de la Grainetière. Cette statue est connue des gens du pays sous le nom de *Saint-Reniou.*

Quant aux bâtiments de l'abbaye, ils étaient adossés à l'un des murs de la chapelle et formaient un vaste carré. Des cloîtres régnaient autrefois tout autour de la cour intérieure. Un côté seul est resté debout. Une longue ligne de petites colonnades réunies deux à deux, soutiennent encore la galerie qui le recouvre. Elles sont d'une remarquable élégance.

Parmi les curiosités dignes d'attirer l'attention du visiteur, il faut citer la salle du chapitre dont les voûtes à nervures, supportées par de très jolies colonnes sculptées, auraient dû inspirer plus de respect aux propriétaires actuels, qui en ont fait une étable à bestiaux.

Dans une vieille tour crénelée qui défend l'abbaye, près de la porte d'entrée, se trouvait la demeure de l'abbé. Elle formait l'un des angles du cloître. Les fenêtres étaient percées de telle sorte que personne ne pouvait ni entrer ni sortir sans passer sous les yeux de l'abbé (1).

Un fermier habite seul maintenant ces débris, qui cachent leurs mutilations sous des touffes et des guirlandes de verdure, — ornement gracieux que la nature leur prodigue aujourd'hui en échange des pertes que l'art regrette.

A la vue de ce monument, on se rappelle mélancoliquement, comme le chantre immortel assis sur les ruines de Palmyre, l'histoire des temps passés, et la pensée se trouve involontairement reportée vers ces siècles de foi où de pieux cénobites,

---

(1) On voit encore, au-dessus de l'une de ces fenêtres, un très bel écusson, sur lequel se trouvent sculptés un bonnet de moine, un missel et une crosse, parfaitement conservés.

après avoir médité dans l'enclos du couvent, se venaient prosterner à l'autel et chanter des psaumes dans le calme et le silence de la nuit. Il semble entendre comme un écho des temps antiques planant sous ces abris croulants de la vieille abbaye.

La mémoire d'un homme illustre habite encore ce site à la fois romanesque et sauvage ; c'est celui de l'abbé *Prévost*, le gracieux auteur de *Manon Lescaut*. C'est là, en effet, qu'il composa cet immortel ouvrage qui se répandit dans l'Europe entière pour charmer ses loisirs.

La forêt du Parc et les aventures du prince Vert-Galant

Il est peu de forêts en ce pays auxquelles ne se rattache quelque émouvant épisode ou quelque gracieuse légende. Celle du Parc-Soubise, où nous nous enfonçâmes en sortant de la Grainetière pour goûter un instant de repos, est peuplée de grands noms dont le souvenir plane encore sous les dômes mobiles de ces grands chênes plusieurs fois séculaires.

Tout ici évoque le nom de cette Catherine de Rohan, célèbre par la mâle énergie qu'elle déploya avec sa fille pendant le siège de la Rochelle, dirigé par son fils, le prince de Rohan-Soubise. C'est en effet sous les allées ombreuses de cette forêt, l'une des plus belles et des plus vastes de la Vendée, qu'elle méditait sa tragédie d'*Holopherne*, jouée pendant le siège de la Rochelle ; c'est aussi là qu'elle composa, pensive et rêveuse, plusieurs pamphlets fameux dirigés contre Henri IV, en haine de ce qu'il n'avait pas voulu épouser sa fille.

A l'époque où il était encore roi de Navarre, en effet, Henri IV, qui guerroyait en Bas-Poitou, venait souvent au château du Parc. Il prenait plaisir à s'égarer quelquefois sous ces frais ombrages avec une jeune fille qu'il aimait, « et dont l'esprit, dit l'historien d'Aubigné, avait été trié entre les délices du ciel ». Anne de Rohan était son nom.

Un jour qu'ils parcouraient ensemble les sentiers solitaires de cette forêt, Anne marchait pensive, appuyée sur le bras de son royal amant.

« Son sein en s'agitant trahissait ses pensées ! »

Partout régnait la solitude ; autour d'eux tout était mystère. Au milieu de ce doux abandon, le galant prince ne craignit pas de déclarer sa flamme d'une façon par trop incendiaire ; il osa même en solliciter... le couronnement.

Mais la fière jeune fille repoussa fièrement celui qu'elle adorait. — « Je ne suis peut-être pas assez noble, dit-elle, pour être votre femme, mais je le suis trop pour être votre maîtresse ». Après avoir prononcé ces paroles, elle s'enfuit en pleurant vers le château gothique et disparut aux yeux de son illustre amant (1).

Ce fut en pensant à ces royales amours que nous quittâmes la forêt du Parc pour retourner sur nos pas.

Le soleil qui depuis le matin avait répandu une pure et harmonieuse lumière commençait à décliner majestueusement à l'horizon, tel qu'un bon roi vieillissant après un règne long et prospère. Aussi à peine nous attardons-nous un instant pour jeter un coup d'œil au passage à une vieille croix toute couverte de mousse, et à moitié enfouie au milieu d'un buisson d'aubépines. Cette croix, dite du *Peignon*, fut plantée là, paraît-il, pour rappeler le passage du *Petit-Pierre* en ce lieu.

Enfin nous rentrons au bercail, le carnet bourré de notes, le cœur plein d'exquis souvenirs et l'estomac on ne peut mieux préparé aux alléchantes invitations de la table hospitalière de notre gracieux amphytrion.

(1) Ces paroles furent l'origine de l'orgueilleuse devise des de Rohan :

Roi je ne puis,
Prince ne daigne :
Rohan suis.

XI

DES HERBIERS AUX ROCHES-BARITAUD. — ARDELAY. — LES ORANGERS DU BOITISSANDEAU. — UN CURIEUX ÉPISODE DES GUERRES DE LA RÉVOLUTION. — MOUCHAMPS. — LA COUTUME DES MAIS. — LES COMBATS DE SAINT-VINCENT-STERLANGES. — LES MALHEURS DU COMTE DE VASSELOT. — LES ROCHES-BARITAUD ET M. PAUL MARCHEGAY. — SOUVENIRS D'ANTAN.

Le lendemain, dès l'aube, nous nous arrachons aux bras de Morphée. A peine de ses premiers feux, le soleil irradie la campagne.

Un léger coup de toilette à nos montures, et bientôt, nouveaux *Terront*, nous courons allégrement sur la route de Mouchamps. De toutes parts, les joyeux habitants de l'air sont en fête et les échos nous redisent le charmant gazouillis des fauvettes dont sont pleins les buissons.

Nous traversons bientôt le petit bourg d'*Ardelay*, où nous remarquons en passant un vieux donjon féodal du xv° siècle, entouré de vastes douves sur lesquelles s'abaisse encore un pont-levis.

Puis, quelques instants après, nous mettons pied à terre devant l'antique manoir du *Boitissandeau*. Là se trouvent ces superbes orangeries qui n'ont de rivales en France que celles de Versailles. Etablies par le célèbre physicien de Hillerin, membre de l'Académie des sciences, ami et émule de Réaumur, ces orangeries constituent par leur beauté une des principales curiosités de cette vieille habitation.

Comme presque tous les châteaux de la Vendée, le Boitissandeau a sa petite page d'histoire. On raconte que durant les jours sombres de 93, une colonne infernale vint y camper avec mission de le détruire de fond en comble. Dès les approches du danger, le châtelain avait jugé prudent de s'éloigner du théâtre de la guerre. Seules, ses trois filles étaient restées au milieu des paysans pour garder leur demeure. L'officier qui commandait le détachement chargé d'exécuter le sinistre décret, s'éprit, dit-on, de leur beauté. Séduit par les grâces de l'une d'elles, il se décida même à transgresser ses ordres si elle voulait partager sa couche. Il ne réussit qu'à s'attirer cette fière réponse : « Pour être votre femme, oui ; votre maîtresse, jamais ». Sa passion l'emportant sur le devoir, il donna son serment que la guerre une fois finie, il se rendrait à ses vœux et que nulle autre qu'elle ne serait son épouse.

Les hostilités terminées, l'officier républicain se souvint de l'engagement d'honneur qu'il avait contracté. Comme il avait tenu son épée, il sut tenir sa parole.

A partir d'Ardelay, nous entrons en plein pays protestant. *Mouchamps*, où nous arrivons bientôt, fut de tout temps un des foyers les plus ardents du calvinisme qui fit là son apparition dès la première moitié du xvie siècle, sous les auspices d'Anne d'Aubeterre, dame d'honneur de la fille de Louis XII.

Ce bourg est situé au milieu d'un paysage des plus agrestes. La vieille église, perchée sur le sommet d'un côteau abrupt, occupe le centre du décor dont les premiers plans, noyés dans les ombres vigoureuses de l'heure matinale, donnaient à cet ensemble champêtre l'aspect d'un village italien.

Après Mouchamps, nous traversons toute une suite de petits hameaux dont les riantes maisons, toutes blanchies à la chaux, s'éparpillent sur les deux côtés de la route. Assis sur le seuil de leurs portes, les paysans nous regardent passer avec une sorte de surprise, tandis que d'accortes jeunes filles nous saluent en souriant.

De temps à autre, nos regards sont attirés par d'énormes bouquets fanés suspendus au-dessus de la porte de quelques maisons. Ce sont les *mais* du dernier printemps. Chaque année, en effet, le premier jour de mai, les *gas* du pays ont l'habitude

d'accrocher, au-dessus de la porte de la jeune fille qu'ils cour-
tisent, un bouquet de fleurs liées par des flots de rubans
multicolores auxquels ils joignent parfois un compliment écrit.
Au printemps, ces bouquets qui ornent beaucoup de maisons,
donnent au village un aspect de fête et font prévoir des noces
prochaines.

Mais toute médaille a son revers. Souvent il arrive qu'un gas
profite de cette occasion pour se venger d'une *feuille* qui aura
eu l'air de le dédaigner. En guise de fleurs, cette dernière
reçoit alors un superbe chou ou un bouquet d'orties.

Cet usage de planter des mais, d'origine très ancienne, est
encore un souvenir de la fête de Flore, déesse des fleurs, que
célébraient les Romains dans les premiers jours de mai (1).

Tout en devisant sur ce sujet, nous aperçûmes bientôt
devant nous le petit bourg de *Saint-Vincent-Sterlanges*, dont
les maisons toutes couvertes de tuiles et correctement rangées
sur le bord de la route nous produisaient de loin l'effet d'un
long ruban rouge. Comme nous nous étions arrêtés à l'entrée
du bourg, un brave paysan du crû nous fit complaisamment
remarquer un logis d'assez belle apparence, qu'il nous dit être
la *maison du crime*, s'offrant généreusement, du reste, de nous
donner des détails complets à ce sujet. Nous le remerçiâmes
avec empressement de son aimable intention, et nous conti-
nuâmes paisiblement notre route, tout en nous entretenant des
glorieux faits d'armes dont ces lieux furent témoins, — tant
il est vrai que dans ce pays chaque buisson, chaque roche,
rappelle un souvenir.

Le 14 mars 1793, en effet, Saint-Vincent fut le théâtre d'un
sanglant combat. Les Vendéens, sous les ordres de Sapinaud,
y battirent les colonnes républicaines du général Marcé, qu'elles
rejetèrent dans le Petit-Lay, au pont de Gravereau.

Plus tard, lors du second soulèvement de la Vendée, après

(1) Les Grecs actuels ont encore coutume, le premier jour du mois de
mai, de joncher d'herbes le seuil de leurs maisons et de suspendre des
couronnes de fleurs à la porte de leurs fiancées.

le traité de la Jaunais, le comte de Vasselot y fut battu à son tour par les bleus, ainsi que son cousin, le marquis Grignon de Pouzauges. Obligé de fuir, le comte de Vasselot vint se réfugier au château de la Barotière, où habitait Mlle de Mesnard, dont il était l'amant.

Malgré son déguisement, il fut cependant reconnu et arrêté.

Conduit aux Herbiers, il fut traduit devant une commission militaire présidée par les généraux Beauregard et Morat, condamné à mort, et, par un raffinement de cruauté, exécuté dans la cour du château de la Barotière, sous les yeux mêmes de sa fiancée.

La générosité dont ce jeune héros vendéen fit preuve à la dernière heure, en instruisant le général Hoche du poison dont il le savait menacé, aurait dû cependant inspirer à ses juges une moins rigoureuse sentence.

Les Roches-Baritaud

A quelques envolées de Saint-Vincent-Sterlanges, perdu au milieu d'un bouquet de verdure, on aperçoit du bord du chemin un château de coquette apparence, dans lequel on devine bientôt les *Roches-Baritaud.*

Une magnifique avenue de peupliers d'Italie, à l'entrée de laquelle se trouve un superbe menhir en granit, qui émerge de trois mètres au-dessus du sol, donne accès dans cette belle et vaste propriété riche en souvenirs.

Antique demeure des seigneurs de Chateaubriant, dont l'un, ancêtre de l'auteur des *Martyrs*, fut gouverneur de Fontenay pendant les guerres de religion, le château des Roches devint, au moment de la Révolution, la maison patrimoniale de la famille de Beauharnais, dont était issu le général de ce nom, premier mari de l'impératrice Joséphine, et père du prince Eugène et de la reine Hortense de Hollande.

Dans le parc, entouré de douves profondes devenues maintenant inutiles, se voient encore deux surperbes platanes, plantés, dit-on, par la reine Hortense.

C'est dans cet hospitalier castel du xive siècle que s'est éteint, ces dernières années, celui qu'on a si justement appelé le Doyen de l'érudition dans l'Ouest de la France, le savant Paul Marchegay, une des gloires vendéennes.

L'amabilité, a-t-on dit souvent, semble avoir fait de ce pays son quartier-général. Le sympathique accueil qui nous attendait aux Roches suffirait amplement à nous le prouver. Nous goûtâmes, là, une demi-journée de repos que nous avions certes bien méritée.

Mais il n'est si bonne compagnie qui ne se quitte. Voilà pourquoi il nous fallût bientôt dire adieu aux aimables châtelains de céans pour continuer notre route vers Chantonnay, où nous devions faire étape.

XII

RETOUR A FONTENAY. — LE PUYBELLIARD. — UN SYNODE PROTESTANT EN 1563. — JACQUES BÉRAUD. — L'HABITATION DE PHILIPPE DE COMMYNES. — CHANTONNAY. — UNE VICTOIRE ET UNE DÉFAITE. — UNE VISITE DE NAPOLÉON 1er ET DE JOSÉPHINE. — LE COMBAT DU PONT-CHARRAULT. — SAINT-PHILBERT ET SES MONUMENTS MÉGALITHIQUES. — LE PAYS DES CAILLEROTS. — LE CHÊNE DE LA GIRARDERIE. — UNE HALTE A SÉRIGNÉ. — ADIEU AU BOCAGE.

Passé les Roches-Baritaud, on commence à sortir du véritable Bocage. Les bois s'éclaircissent peu à peu, le pays devient moins accidenté. A peine encore pendant quelque temps entrevoit-on de loin la croupe du Mont-des-Alouettes, qui s'enfonce peu à peu et disparaît bientôt à l'horizon.

Avant d'arriver à Chantonnay, il nous fallut traverser le petit bourg du *Puybelliard*, dont, au xvie siècle, Jacques Béraud, le poète, était sénéchal, et où naquit, le 7 mars 1733, Mgr Paillou, évêque de la Rochelle et de Luçon.

A peu de distance de cette modeste bourgade, où se tint, en 1563, un des plus importants synodes protestants, on aperçoit caché derrière un bouquet d'arbres, *Dine-Chien*, l'antique habitation du sénéchal Philippe de Commynes. C'est là, dit-on, que Louis XI, venu en Bas-Poitou pour arranger le mariage de son conseiller avec Hélène de Chambles, décida l'érection du port des Sables-d'Olonne.

Chantonnay, où nous arrivons bientôt, est une charmante petite ville qui possède une très belle église gothique dans le style du xive siècle. Les maisons, presque toutes groupées au bord de la route, forment une longue rue qui se déroule en serpentant.

Des mines importantes, abandonnées depuis quelques années, occupaient autrefois un grand nombre de mineurs, ce qui donnait un certain mouvement à cette coquette petite cité.

Le 9 août 1808, Napoléon allant de Fontenay à Nantes, s'y arrêta quelques instants pour examiner les minerais de la Tabarière.

Pour le voyageur, il n'y a rien de bien curieux à Chantonnay, sinon le souvenir d'une victoire et d'une défaite de l'armée catholique et royale commandée par de Béjarry et de Verteuil.

En sortant de Chantonnay, on aperçoit sur la droite, à deux ou trois portées de fusil, construit sur le sommet d'un côteau verdoyant, le coquet petit château de la Mouhée, à M. le marquis de l'Epinay. On y jouit d'une très jolie vue.

Après Chantonnay, le site change complètement d'aspect. Nous nous étions bien aperçus déjà que peu à peu le Bocage devenait moins épais, moins fourré ; mais ici, de chaque côté de la route, sont des champs de blé et de genêts garnis de bruyère au reflet rougeâtre.

Puis, comme avant les Roches-Baritaud, le pays redevient très accidenté et le paysage ne tarde pas à se dérouler à perte de vue avec toute son âpreté sauvage. Des rochers s'élèvent partout au milieu des bruyères et des bois qui couronnent les collines environnantes, tandis qu'en bas, dans la vallée, coule paisiblement la petite rivière du Lay. Le pont qui joint les deux rives, devenu célèbre dans les annales de l'histoire, a reçu le nom de Pont-Charrault. La République et la Monarchie ont eu là leurs revers et leurs succès. Ce fut dans ce lieu que le 19 mars 1793, le jour même où parut le fameux décret de la Convention ordonnant « d'envoyer en Vendée des matières » combustibles de toute espèce pour incendier les bois, les » genêts, les moissons, les chaumières, et condamnant à mort » les prêtres et les nobles pris en pays insurgé », que les paysans assemblés aux sons du tocsin, sous les ordres de

Royrand et de Baudry-d'Asson, écrasèrent la garde nationale de Fontenay, ainsi que 8,000 bleus, dont il ne se sauva guère que deux ou trois cents.

On a peine à se défendre d'un sentiment de terreur en traversant cette gorge resserrée où quelques hommes pouvaient seuls arrêter une armée.

Saint-Philbert-du-Pont-Charrault, où nous arrivons maintenant, est un petit bourg situé au haut d'un monticule escarpé et d'où la vue s'étend très loin sur la contrée environnante. Si l'on en juge d'après sa merveilleuse situation, tout porte à croire que ce lieu dût être très anciennement habité. Et de fait, ne serait-ce que la présence des monuments mégalithiques que l'on rencontre dans les alentours, tout rappelle ici l'existence de l'homme dès les temps les plus reculés.

La Pierre-Folle de Billerte est le plus beau spécimen de ces monuments d'un autre âge, gardés par la vénération et la crédulité populaires.

Lorsqu'on parcourt les régions du nord de la Vendée, on ne peut marcher une journée sans rencontrer un de ces monuments bizarres qu'on appelle tantôt *menhir*, tantôt *dolmen*.

Il est impossible de rendre l'effet fantastique de ces géants d'attitudes diverses, de dimensions inégales, dont la couleur grise se détache ici sur le vert sombre des pins, là, sur le jaune doré de l'ajonc, au loin sur l'azur du ciel. Nous en avons parfois vu quelques-uns au milieu du jour, d'autres le soir sous le feu du soleil, comme dans les vapeurs du crépuscule, et nous n'avons rien trouvé à comparer dans leur grandeur sauvage, à ces antiques témoins de mille générations éteintes, dont l'histoire n'a gardé aucun souvenir.

Que dans ces monuments on veuille voir des autels, des tombeaux ou de simples souvenirs de quelque événement, ils n'en sont pas moins d'une imposante majesté !

Les paysans attribuent à ces énormes blocs de granit, qu'ils croient tombés de la *dorne* d'une fée, une foule de vertus mystérieuses. Si vous les interrogez à ce sujet ils vous répondront que ces pierres servent de maisons aux Korrigans, aux Courils, petits hommes lascifs qui, le soir, barrent le chemin et vous forcent à danser avec eux, jusqu'à ce que vous en mourriez de fatigue. Ils vous raconteront qu'à une certaine époque, l'une de ces pierres fût enlevée et portée à une assez grande distance de l'endroit où elle se trouve aujourd'hui. Aussitôt des malheurs sans nombre accablèrent les habitants du pays ; ils vous avoueront gravement que dès qu'ils en eurent reconnu la cause, ils s'empressèrent de remettre en place la pierre merveilleuse. Depuis ce temps, nul ne serait assez hardi, assez téméraire, pour la vouloir changer de place.

Avant d'arriver à Saint-Philbert, où nos bons ancêtres les Celtes ont laissé de si nombreux témoins de leur passage, on trouve le long de la rivière une grotte de *Farfadets*. Cette grotte, poétiquement enfoncée sous un amas de clématite et de lierre, fait songer aux pages charmantes et étranges à la fois de Georges Sand, de Souvestre et de Paul Féval, sur les farfadets de Bretagne, et permet à l'esprit de rebâtir une foule d'aventures de fées et de lutins narquois.

Saint-Philbert-du-Pont-Charrault évoque le souvenir d'un antiquaire célèbre, l'abbé Baudry, du Bernard, dont le nom est souvent placé à côté de celui de Benjamin Fillon, et auquel on doit la découverte de nombreux puits funéraires.

Après Saint-Philbert, nous tombons dans le pays des cerises. La Jaudonnière, que nous traversons bientôt, est un petit bourg situé au centre d'une vallée fertile, remarquable surtout par la grande quantité d'arbres fruitiers qui y croissent, et dont les produits vendus sur les marchés environnants, sont avantageusement réputés.

Après avoir gravi quelques côtes assez rudes, du sommet desquelles nous jouissons, pour la dernière fois, des vastes horizons du Bocage, nous arrivons à la Caillère, le pays des *Caillerots* par excellence.

Ce bourg, où l'on remarque une belle église romane artistement restaurée ces dernières années, eût un jour sa petite page d'histoire. Le 24 février 1793, des troubles assez sérieux y éclatèrent. Le délégué du département fut accueilli par des huées. Un attroupement de paysans envahit la maison commune et, des mains du maire, arracha la liste d'après laquelle se devait faire l'appel des citoyens obligés au « service civique ».

Le Directoire averti, envoya aussitôt des secours, et l'ordre fut promptement rétabli.

Le jour commençant à baisser, nous traversons la Caillère sans nous y arrêter, puis bientôt après nous laissons sur notre gauche le joli manoir de la Sicaudière dont la silhouette entrevue au milieu d'une éclaircie d'ormeaux et de noyers, se profile gracieusement sur l'horizon empourpré. Nous arrivons enfin à *Sérigné*, petit bourg dont les blanches demeures s'élèvent à quelques envolées de Fontenay, sur les deux penchants d'une colline que baignent au pied les charmants ruisselets de la Longéves et des Ilots.

Remarqué au passage avant d'y arriver, caché derrière un épais rideau de verdure, l'ancien castel de la Girarderie dans les greniers duquel un habile « *faux méreautiste* » moderne découvrit il y a quelque temps, enfouis sous une respectable couche de poussière, les procès-verbaux de démolition de 16 temples protestants du Bas-Poitou.

En face de l'entrée du château, au milieu d'un massif d'arbres qui le sépare de la route, se trouve le fameux chêne, dit de la *Girarderie*.

Ce chêne, plusieurs fois séculaire, et sans contredit le plus beau de la Vendée, ne mesure pas moins à sa base de 8 mètres de circonférence.

Le petit bourg de Sérigné ne présente rien de bien remarquable ; il eut, dit-on, jadis, une certaine importance, mais n'était la bonne renommée de son excellent vin aux charmes duquel le bon Rabelais lui-même n'aurait su résister, n'étaient aussi les souvenirs laissés au logis de la Touche par le poète Nicolas Rapin et la présence du chêne légendaire de la

Girarderie, dont nous venons de parler, je craindrais fort pour Sérigné, l'injuste oubli de la postérité.

Là finit cette région poétique que l'imagination populaire a peuplé de farfadets et de loups-garous. Là commence la *Plaine*, dont les reflets verdissants de Mars à Juillet sont remplacés ensuite par une teinte uniforme d'un brun intense dont la tristesse, comme celle d'une nature morte, contraste fortement avec les remparts de verdure qui l'encadrent de toutes parts.

Arrivés là, nous avions terminé notre excursion au Bocage vendéen. Le souvenir de ces charmantes journées passées au sein de ces paisibles solitudes, nous faisait sentir plus vivement encore la sombre monotonie de cette plaine immense à peine ombragée par quelques arbres rabougris que le vent semble jaloux de voir vivre.

La nudité du paysage vous saisit presque et vous ôte tout désir d'aller plus loin. Comment dire adieu à ce Bocage, à ces champs, à ces vallons où coulent sous le feuillage du frêne et du saule argenté, ces innombrables ruisseaux aussi transparents que le cristal des fontaines ?

La tradition du foyer, la chanson du pâtre et la légende du vieillard ; la majesté des grands bois et les menhirs grisâtres sur lesquels la lune promène la nuit son disque d'argent : les abbayes en ruines et les vieux donjons féodaux tout drapés de lierre et la flèche aérienne du hameau et la cloche qui tinte, et le vent qui gémit, ici tout parle, tout prend une voix.

Qu'il serait doux de se fixer sous l'ombrage de ces bosquets festonnés d'églantiers et de chèvrefeuilles, de se cacher dans un coin de ces vertes prairies des bords de la Sèvre, et loin du monde comme un nouveau Tibulle, y laisser doucement laisser couler son âge. »